U0119148

一切都在此時此刻

顧玉玲

目錄

楔子

我們承擔痛苦的能力，也許比想像的，多很多

我的女兒小樹年幼時，常在工作傷害受害人協會晃蕩，習慣了只餘半截手臂、切除膝下肢、顏面扭曲的大人們，她因而對於殘缺與疤痕並無太多迴避，被懷抱在灼痕猙獰但仍溫暖有力的臂膀裡，也仍是安穩自在。就只是，各式各樣的人，一如野地裡五瓣不全的花朵、被狂風吹斷的枝椏、毛色紛雜不均的山羌，沒有人會畫定正常的界限，把界限外的視為異常。而異常總令人恐懼，因無知而加深恐懼，汙名於是和成見手牽手成為共謀，迴圈般互捲成愈縮愈窄的正常世界，抵擋差異，自以為是。我常想，小樹何其有幸，在一個視傷殘為平常的環境裡，好好長大。見多了破損歷歷、不夠完足的身體，知道人有各種模樣，不必假裝完美，痛苦不見得治癒，失去的無以索回。這樣的閱歷滋養，於她而言，必是終生受用。

很長的一段時間，出於莫大的關注與善意，常有朋友憂心詢問：工傷議題如此

慘酷，日日與這麼具體的傷痛共處，纖細的心靈必然無法承受，敏銳的情感也可能磨損吧？該如何畫分工作與生活的界線呢？他們稱許我的意志力堅強、膽識過人、很有愛心，撫著心臟說自己絕對做不到。

我大笑，像個神經過度強壯而免於困惑的人，不知道如何簡化回應。實情是，我毋須動用意志力或愛心，就足以支撐日常的搏鬥。組織者的工作與生活，不可避免地相互滲透，交纏互鬥，我從來不曾、也不願將兩者區隔二分。結構與個人之間，從來就是矛盾緊張、扞格不入的，公與私又如何二分？我的生活、學習、勞動、愛戀、成就與成長，我對關係的敏感，對衝突的體認，對人與世界如何對峙又依存，都與我所投身的組織工作，緊密相連。

那麼，究竟是發生了什麼事呢？

工傷協會裡，觸目可及的傷痕累累、殘缺不全，莫不牽動著整個勞動家庭，倒骨牌般一推就倒。現實一點都不平滑，磕絆猙獰，難有順利。但沒有，我從沒有見過哭哭啼啼的受害者、可憐蟲，一個也沒有。我所親歷的，一直是缺手斷腳也要討回公道的勇氣、膽識與尊嚴。有的人悲哀低落，有的人憤恨難平，還有的人瘋癲失常，但他們來到協會，話說得凌亂斷裂仍是要說，說自身遭逢的災難，拼湊著還原勞動現場。他們遭重擊倒地後，還不甘心地匍匐前行，迸發的力量遠超乎我的想像。

相較之下，我才是那個因為經歷了太多徒勞無功的挫折，不時要祭出最壞打算、澆冷水的人。因為擔心受害者期望過高，承受不起再度失敗，我們總要先打預防針，阻擋一廂情願的評估，分析每個步驟的得失，以及相對應要耗費的力氣、付出的代價。那些來來回回的利害盤算，不能太喪氣，自我設限；又不能太樂觀，以免誤判現實。總是患得患失，因為勝算從來都不高，階級弱勢的人很少拿得到足以對抗的籌碼。但輾轉來到工傷協會的人，多半是既有管道走不通，再沒有什麼可以失去了，也沒什麼好輸。

我們很習慣輸。十打九輸，至少還試著打，一起打。

●

很多年以後，我知道了，束手無策才是最悲傷、最孤獨的事。那些還能上街頭拉布條、丟雞蛋的，那些在調解會議上氣到落淚的，那些蒐集資料檢舉公司有機濃度超標的，都是憑藉了一點集體力量，才得以肢離破碎站起來。真正被打趴、絕望至底的人，甚至連走出家門求助的力氣，都被淘空了。什麼也做不了，什麼也不能做，不僅要獨自承擔傷害，還要黯然自責軟弱，連為自己拚搏一把的努力都沒有。自暴自棄是一條不知饜足的小蟲，時刻啃蝕自我，彷彿是個無用的人，廢掉的人，被棄的人。

放棄，多半是因為舉目無親。沒有人知曉你的痛楚，沒有人會伸出援手，老闆為降低成本而犧牲的工人血肉之軀，似乎不值一提，你只是比較倒楣而已，社會秩序穩固至人人視為尋常，惡意鋪下天羅地網，再沒有任何出路了。放棄是個黑洞，以其破壞性的重力，吸納並吞噬一切，包括光，也包括希望。放棄的人，是終極的孤單，絕對的受害。

我們之中，很多人都曾經陷落，深知自棄之苦，因而在解嚴後自主組織起來，自助助人。工傷協會成立初始，推出義務法律服務、醫院訪視、傷友及家屬談心諮詢等，主動或轉介找上門的，多半是帶著勞資爭議受挫的滿腹委屈。我們和受傷的人討論勞動流程、職災細節、相關法令，學習在調解與抗爭中，帶著情緒與挫敗還能夠據理力爭。

這個協同作戰的過程，多半都不會太短，半年、兩年、十年……漫漫無期。勞資各有利害盤算，工人尤其要思量再三：還要不要回去工作？可以打壞關係、撕破臉嗎？能夠相信老闆的承諾嗎？轉調安全的工作是可能的嗎？工傷者已經輸掉了血肉身軀，再沒多少籌碼可以下錯注。但這事多半沒得演練，無法預知，更沒有範本可以依循，這回做錯決定也沒有下次了。一面療傷、復健，一面焦慮、蒐集資料，日子也就一天天過下去，急，可又急不得。這個期間，組織者還要警醒著踩住幾個重要的時間點：受傷後半年，是刑事追訴期滿；兩年整，是職災補償追訴期，以及勞保各項給付的期限。我們從追訴的期滿日往回推算日期，還有多少考慮的時間？行動可以做到哪裡？談判還有多少條件？

有時候，傷害無法因和解而結束，需要一個公共性的詮釋，才得以消弭冤屈。當工傷被視為經濟成長的必要風險，死傷只是例行數據，沉默與漠視都形成高牆，堵住了受苦的人無法控訴，同時也為未來的傷害預留伏筆。約翰．伯格書寫墨西哥畫家芙烈達．卡蘿，認為她特寫自身殘障的肉體，猶如在肌膚上描述整個世界，說出其慾望、感知與現實的殘酷。卡蘿之所以觸動人心，成為全世界的傳奇人物，一部分的原因就在於資本優先的新世界秩序下，我們所生活其中的黑暗年代，分擔痛苦是重獲尊嚴與希望的前提之一，而卡蘿的畫作對著痛苦說話。伯格指出：「很多痛苦沒辦法分擔。但分擔痛苦的意願卻可分擔。而從這種必然不足的分擔中，產生了某種反抗。」

而反抗，其實也不過就是，不放棄。表達分擔痛苦的意願，得以跨越受害的孤立處境。無力者互伸援手，個別的微小反抗，彼此牽連，才有機會漸次鬆動既有的壓迫秩序。改變因而成為可能。

●

轉進學院勞動後，我多次被學生問及，當投身其中的田野，充滿了現實的挫敗、關係的暗面，無力感龐大至隨時處於沒頂之際。研究者、組織者、書寫者應如何自救？何時該抽身而出？以免被接二連三的負能量吞沒。

思索良久，我只能說：「你可以，在黑暗中再停留久一點。」

這是肺腑之言，也是經驗之說。對黑暗的恐懼，經常使我們擴大傷害的無邊無際，成為抽象且絕對的痛，而沒能進入傷害的脈絡與構成。於是，只剩下恐懼，而對於黑暗的未知、不願深究，毋寧更接近迴避現實的偷懶，成為不行動的藉口。

置身於暗處，待久了，也就看見黑暗中人影幢幢，你來我往，不曾停在原地痛苦。條件這麼有限，光源如此稀缺，人們還是為了生存而行動——雖然經常是進退耗力，缺乏效益，沒能像那些有條件的人可以預作準備，規劃未來。邊緣處境中的人，必須拿出各種與挫敗協商來的本領和不利的環境搏鬥。而這些人正是我們所處的真實世界。

只看見黑暗，不過是因為停留得不夠久，凝視得不夠深。待久一點，再久一點，直到你看見人們在做什麼，以及你可以做什麼。

那些哭著喊著害怕著往後退的擔憂，看似向外衡量風險有多高，其實也在向內丈量自身的承受力。說穿了一點都不稀奇，不過是趨吉避凶的本能，想逃，於是把責任賴給環境太負面、自己太易感，而真相總令人不忍卒睹。

事實上，我們承擔痛苦的能力，也許比原本以為的，還要多很多。我是說，那能力未必是後天磨練出來的，反而更像是早已內建許久，只是我們尚未知曉自身的能量配備，不知道用以抵擋外在，也不知道用以醫治內在。

因害怕而逃開，比較快。逃，也只是維持現狀而已。

時間並沒有神奇療效，那些告訴你時間會沖淡一切的預言，都不是真的。第一次失戀時，墜入無明深淵，幾乎生出自殺的念頭，強烈的痛苦需要被完整表達但做不到，只好偷懶求助於死亡，失魂落魄，莫名垂淚。再後來，第二度、第三度失戀，痛苦並沒有降低，甚至有可能更痛——對愛的體驗愈深，失去的感受就愈苦。但我們不再要死尋活了，不是因為麻木，而是明白自己承受痛苦的能耐，變大了。就在此時此刻，痛還是痛的，二十年後也未必消解，不會淡化，但我們不至於驚慌失措至無以自處。

痛過，還活著，不能不說是倖存者的僥倖。

創痛的經驗，召喚出承擔的能力，丈量深淵的尺度因而也轉向了，未來還有更大的風暴來襲，但重要的也許是承擔的能耐是否深厚。

分擔他者痛苦的記憶，多半會帶來責任與負荷，有時我們寧可不知道以保持輕盈。而輕盈與孤立，經常也只是一線之隔。害怕還是有的，亦步亦趨，人是如此軟弱，束手就擒彷彿容易多了。但學習分擔他人的痛苦，必也同時照見自身的脆弱，如鏡相映。

給出的，最終也是收下的。接受自己需要外援，需要協助，無以單獨面對困境，任何人都是。對我來說，這也許是與痛苦相伴而來最好的禮物：放心示弱，不要低估他人分擔的意願。

輯一

組織　現場

那些我從組織裡學到的事

出報的每一個流程，我都記得。一般人想到報業媒體，大概不外乎就是漂亮光鮮的記者群、精明俐落的編採人員、標榜公正客觀的報社大招牌……但在報紙生產的過程中，還有打字、校對、打樣、組版、印刷、運送、發行等的連串勞動，才能夠將各式資訊及時送到讀者眼前。受雇者接力賽般一棒接著一棒，環環相扣完成了現場採訪攝影、寫稿校訂、下標編排、照相製版、印刷派報的忙碌生產流程，同時間還有廣告、發行、副刊及專題製作等。

當時，我是自立晚報產業工會的年輕秘書，長頭髮，標準捲舌音，看藝術電影，一身文藝腔。完全的格格不入。但我熱情洋溢，對人對事都充滿好奇心，什麼都想知道，張大了初啟蒙的左眼，全身都是雷達，什麼都入境隨俗，只盼能平起平坐。工會位於報社後門的巷弄之間，平日裡工會幹部與會員鮮少露面，於是工會秘書必須主動往報社跑，發傳單，做問卷，拉會員，約勞教時間，討論勞資爭議案，還有每月一次手寫的工會通訊，一張張發到小組長手中。小組錯落在早晚報不同的勞動時刻，為了和早報印刷廠的會員碰面，若非晚上七八點下班前繞到廠裡和剛打卡還在清洗油墨、暖機的工人打招呼，就是等待他們下班的半夜三時和大家聊聊。清晨返回工會，晚報人員來上班了。

生產新聞紙媒的勞動一環扣一環，截止作業的時間各不相同，勞動熱點也間隔錯落，故而除了直接上下游工序的接口之外，不同部門的從業人員之間並無太多聯繫，私交更是有限，對彼此的工作實況也不熟悉。工會成立之初，曾有印務工人反應印刷廠位居地下室，往來迴盪的機械聲形成的巨大噪音，指數早已超標。經工會幹部在非正式場合反應，社長火速下令，印刷工人每週可以申請兩副免費耳塞。

耳塞政策數個月後，我聽見部分工會幹部不以為然地說：「報社在問，印刷廠工人都沒去領耳塞，到底還要不要繼續發放？」

「嫌麻煩？出事了只能怪自己。」

「工人如果不懂得保護自己，工會做再多也沒有用。」有記者語重心長下了結論。

●

工作環境出問題，最徹底的解決方案是去除汙染源，若非減少機械容量，加裝消音設備，便是印刷廠移至別處。但彼時正值報禁、黨禁解除，媒體景氣大好，廣告頁無上限，印量只增不減，減機勢不可行，更不必說寸土寸金的台北市，遷廠如何可能。安全衛生的次要手段，加強對勞動者的保護措施，雖說是治標不治本，狹小地下室的兩線印刷機互相較勁，吵還是吵的，但賜予免費耳塞，將危機阻隔於個人耳蝸之外。處理安衛危機的最下策，什麼也不做，繼續勞動至身體無以負荷，重聽失能或耳膜破裂，再動用標準嚴格的勞保工傷殘廢給付，謂之為最後的補償手段，代價是破損後無以修補的血肉之軀。

《自立晚報》是戒嚴時期就敢於發聲的報紙，因而匯集了敢言、具正義感的編採人員，這裡的勞動條件遠不如《中時》、《聯合》兩大報（當時的《自由時報》尚未開啟黃金別墅大抽獎、校園贈送免費報等行銷手段，尚屬邊緣小報），但白領記者們說起社會正義與言論自由總是特別大聲，頗有尊嚴。我們的工會幹部橫跨藍白領，報社的紅牌記者在理事會中聽聞印刷廠噪音問題，忿忿不平，次日與社長會面時便直接抱怨此事虧待工人，有損社譽。基層議題意外搭上了直達車，社長快速安排了噪音檢測，果真超標，於是速審速決，下令撥款購買耳塞以保護印務工人。

彼時工會初成立，確實也需要戰果以激勵人心，耳塞案就這麼快速定案了，不知為何卻推不動基層配合。夜裡我趁著暖機時分到地下室，撲面而來的油墨異常刺鼻，長久以來的通風不足，印刷機還未全速啟動呢，已然傳出彼此碰撞的嘈雜回音，震得我隱隱耳鳴。

「耳塞不好用嗎？」我弓起手背擴音，在熟識的會員耳邊大聲問。

「還好。」他不動聲色地操作儀表，額頭已然滲汗。

「那為什麼不戴？」

「戴了就聽不清楚機器是不是故障，同事叫你也聽不見，更危險。」

長久的重聽不好，當下的事故更不好，兩害取其輕。總是在兩害間作選擇，沒有更好，只有看哪個損失更及時、更無退路，撿剩下的那個選項，以及附帶而來的累積性職業病，在不知何時的未來，延遲給付但註定要來的傷害。但還能怎麼樣？就像是多數藍領工人總沒法子預作生涯規劃一樣，贏不在起跑點，也無暇儲備第二技能以待來日，眼前的危機都只有近與遠之分，挖東牆補西牆，暴雨一沖就垮。那些不必顧此失彼的人，才有條件往前看，籌備現在，規劃未來，風險控管得宜。

那也許是我對勞安議題的啟蒙，關於勞動環境的複雜多元，也關於現場實作的不可替代。權益若非集體力量掙來的，而僅只依賴掌權者之間一時仗義的交換，戰果終究不是戰果，不合用，也難以下嚥。工會給出罕有的機會，讓工人們藉由集體的力量，共同規劃未來，互相保護。而民主，終究是需要花時間練習的。

●

後來，工會建立了與資方定期協商的勞資會議，勞方代表來自不同部門。我們勤跑不同廠區的生產現場，蒐集各式各樣的問題與解方。那些年，勞資會議是兩造較勁的重要場合，工會藉著蒐集意見、解決問題，建立與會員的信任關係，並鍛鍊幹部們掌握相關法令與協商能力。

不同於台灣其他報業工會以藍領工人為主，自立報社工會的主要發起人是記者，編輯室除了一級正主管依法不得加入工會，其餘人都加入了，會員遍及各部門，且有很高的入會率。但這樣一個政治正確的工會，卻面臨藍領工人不來開會的窘境。

阿德是檢排部門推出來擔任勞方代表的工人，高大健壯，豪爽明朗。他一開始也曾經很熱心地蒐集意見，並取得同部門同仁的連署提案，他主提的議題在會議中也獲得明確改善。但後來，阿德開始找各式理由不來開會了，印刷廠工人更是缺席已久。

白領記者很賭爛，私下抱怨：「自己的權益自己不爭取，我又何必幫他們說話？」

線上記者一直很忙，他們的工作不只是薪水來源，也是成就感及業界名聲的基礎。工會幹部可以請會務假來開會，但記者很少請假，新聞有連續性，既不能獨漏也難以代跑，所以他們多半犧牲自己的休息時間來開會，熱心幫藍領工人發聲，但也疲於當事人的怯懦退縮，耗費心力填補漏洞，恨鐵不成鋼。

「台灣人戒嚴太久了，有了自由也不敢用。」有人這樣說。

檢排廠下班時都凌晨了。當地下室的印刷機轟隆隆傳出震響，我與阿德在報社後門的麵攤喝酒，問他為什麼可以請公假來開會也不來，他說工作很忙，我說你胡說八道。我們互乾了一杯酒，好澀。

「我是覺得，我去不去都一樣啊。」阿德為難地說：「反正，工會一定會幫我們爭取的對不對。」

「不對不對。工會是誰？工會就是你啊我啊大家啊。」我為了表示生氣，又在麵湯裡多加了一匙辣油，整碗紅通通，火辣辣，「你不來誰來？」

「不是啦，啊我就憨慢講話，那些記者都好厲害，又會寫又會說，老闆也比較聽他們的，我去不去好像都沒差。」

「明明有差。」

「就是沒差。」

繞口令說不清。我停下來，把辣到近乎苦的熱湯全灌下肚，全身都燒起來，再慢慢問：「那，開會不說話的時候，你都在想什麼？」

「也沒有想什麼，就是覺得，自己很沒用。」

那是我參與工會頭一年，夜以繼日，馬不停蹄，每天都覺得自己在實踐階級民主。當時自主性工會如春雨後的筍頭一一冒生，工會間的串連磨刀霍霍，挑戰既有的經濟及勞動政策，人們開始相信，政治民主是可能的，生產民主是有希望的。但總是在那些並非浪尖的陷落時刻，我才真正意識到組織工作何其漫長、艱難，要分析外部的結構性壓迫，更要看懂內部的權力與條件落差。

團結不見得力量大，貪快就不免仰賴既有的權力，不靠組織爭取而靠權力交換。一廂情願的善行可能抑制他人的成長，而一個讓人自覺無用的組織，早晚會因內部耗損而無以為繼。集體的養成從來就不容易。性別、年資、藍白領、本外勞、專兼任……等，都是工人們彼此相認的鴻溝，而如何組織大家一起做事，各自長出力量，可能遠比一時給出什麼成果更重要。

卡細聲咧

歌唱到一半，隔壁傳來嬰兒啼哭的聲音。穿著黑色鏤空褲襪、亮紫滾墨藍邊連身洋裝的夢娜停下舞步，側耳凝神，然後說：

「歹勢，囝仔佇哭，我先去飼奶。」

她很自然地把環在腰上的阿宏的手，交到斜倚在桌邊嗑瓜子的小珍手上，隨即閃入裡間半敞的房門。小珍拍掉瓜子殼，爽快起身隨著阿宏搖擺，那身形很是嫵媚，但也不特別撒嬌。當歌聲來到「誰人來安慰，我心內的稀微」，小珍很熟練地拉起阿宏的手，自轉旋身貼近他的胸前，用裸肩快速沾點一下，再曼妙迴轉，恰好落在最後一個音符展臂，面向大家款款鞠躬。

我情不自禁地鼓起掌來，引發稀稀落落跟進的掌聲。同桌的工會幹部們，仍熱烈討論下週的勞工教育分組時段。

那是我第一次踏入阿公店。白慘慘的日光燈照在水泥地上，大廳裡三兩個圓桌，圍繞一圈紅漆面的鐵凳子，像露天搭棚辦桌一樣，沒什麼紙醉金迷的配備，倒有幾分尋常的居家氛圍。後院直通半露天的廚房，大火快炒，鏗鏘作響，幾名中年女性進進出出，無縫接軌地身兼廚師、跑堂、陪酒及現場音效。酒菜很快就上桌了，現炒油亮的芥藍羊肉、豆豉鮮蚵，一盤盤熱氣騰騰，多是宵夜常見的重鹹重辣重口味，酒則是玻璃瓶裝的紹興和啤酒。小姐們都化了濃妝，日光燈下並無冶豔妖嬈之氣，她們進出廚房忙著上菜、端盤，敬酒很是爽快又周到，笑容十分熟練，巧妙地酒過三巡仍維持口紅的亮度，杯緣上的殘痕也會隱密拭去，不露敗筆。

牆角一台投幣式卡拉ＯＫ，有人一連點了數首男兒漂泊的傷情歌，燈光隨即變幻顏色。我才注意到，天花板原就垂掛了五彩色澤的旋轉燈，只待樂聲響起，也連動開啟了舞台燈。那迷離的燈光帶來一點浮動歡意，阿宏伸手拉起麗娜，一進一退跳恰恰，也沒人多看一眼。

夜深了，小姐們沒有特意殷勤，臉色甚至有幾分疲憊，但該有的專業還是做到底，從廚房端菜進場，起身開瓶添杯，變化各式有趣的划拳招式，配合音樂踩上合拍的國標舞。她們自在隨意，話說得不多，吃得更少，但陪著坐著唱著也就鬆懈了來客的身心，熱鬧了氣氛。

●

九〇年代初，政治解嚴了，社會仍磕磕絆絆、藏著掖著各式騷動不安。那些年，選舉造勢吸納了最大量的憤慨與激情，政見場與地下電台波濤洶湧，人們捐錢義助扛旗子；但攸關切身權益的組織工會、發動罷工，都仍像禁忌似地提心吊膽，舉步維艱。畢竟前者鼓動你間接參與，將權力讓渡給代議士行使，只消投票就完成民主實踐，像便利貼似的爽快，與不牢靠。而後者要求你近身肉搏，民主全靠自己花力氣操作，在職場上面對最尖銳的勞資爭議，每一步都是利害較量，完全沒得閃躲，短期內看不到成果，被秋後算帳的代價卻近在眼前。

彼時我初入報業工會就職，薪水來自四百餘名工人的每月會費，他們的勞動流程多元多樣，白天晚上都搭配不同的工作技能與現場環境。

想像你早晨六時在超商拿到熱騰騰的報紙，往前推算，至少在五時之前，一綹綹夾滿廣告紙的當天日報便需分批綁定，沉重扛至送報生的摩托車、腳踏車上。再往前，摸黑聚集在報社外分批夾頁、捲報、派報的龐大作業，約略要在夜半三、四時完成，紙張還帶著尚未散盡的熱氣。繼續逆著時間回流，印刷廠上料、配色、油印，流程緊張，不容分毫差池，直至凌晨起轟隆隆印務開動，地下室悶熱異常，常有工人赤膊上身，黯黑的臉上多是油亮汗水。時針跨回十二刻度，進入前一天，才是人們想像中大眾傳播業，穿著體面的文字與攝影記者，擠在新聞現場採訪、追蹤，回報社趕稿、打字、校訂、編輯、下標、定版等，同時間還有廣告、製版、全頁排版，複雜而併行的生產流程。晚報後還有早報，日復一日。

報社後巷的宵夜小吃攤，愈夜愈熱鬧，迎接一波波不同時段下工的人。經過連續性的高密度勞動後，工人們多半習慣稍作群聚，若非小酌吃個宵夜，就是聚賭試試手氣，讓緊繃的身心稍有鬆懈了，才各自返家，入睡時已是家人們的起床時分。於是在媒體工會推動結盟的年代，燒酒攤作為聯誼、串連合作的方式，就成為常態。偶爾還有阿公店續攤。我也習慣了夜半時分的乾杯與嘔吐。

我總是乾杯，不囉嗦。約莫三十ＣＣ厚底喇叭杯八分滿，夾在拇指和食指間，一仰而盡。彼時酒攤上常見的白酒，是四十度酒精濃度上下的紹興酒，舉杯就要一口喝乾，大拇指略加施力，外推將杯底示眾，杯底偶有一枚酸梅，去腥味。我的酒量普通，但酒膽不小，一桌十人一杯杯敬酒，一輪下來也很可觀。紹興半點沒有醇香，我不喜那土嗆的氣味，更是碰杯就乾，如此爽快敬酒，倒是贏得一桌大哥們的友善。其實工人們與我相熟了早就不會灌我酒，是我自己硬要比拚、假作豪爽，那造作的姿態有點天真有點蠢，但已是我的展演極限。他們都知道，說別喝了，說妹妹你不錯喔。

阿公店消費並不高昂，陪酒也不似酒店要輪流轉檯，或撒嬌留住常客。不過就是尋常人家開伙炒菜喝酒，在那些深夜的時刻，勞動後緊繃的身體需要一點放鬆。那些阿公店的小姐，化著濃妝，穿著黑色洞狀網襪，舉止豪爽，擅長敬酒，且待我和氣，會主動夾菜給我：「這塊肥肉比較少，女生比較敢吃。」沒特別親切，也沒特別冷漠，就是鄰居阿姨的模樣。

●

談完分組勞教，工會幹部們的話題又轉向年底的立委選舉，人人都停下酒杯，激昂論政，口裡或指間叼一支長壽菸。當時還沒有室內禁菸的規定，阿公店裡，滿屋都是菸燻。事實上，在報社裡，採光良好、窗明几淨的編輯室，也常是煙霧瀰漫，記者們趕稿、下標、討論都手不離菸。相反地，各大報的印刷廠全位於通風不足的地下室，空氣中的有機溶劑濃度泰半超標，工人們只有下工離廠後才能放心點菸，藉酒氣吐出長長的、長長的悶氣。

夢娜閃入房門未久，就沒再聽見嬰兒的啼哭聲了。我忍不住側頭盯住那個無聲的、半敞的門。

「阿就厝裡沒人，囝仔帶佇身邊做穡卡放心。」小珍繼續嗑瓜子，好意地向我解釋：「囝仔半暝啼哭，無是做眠夢就是腹肚枵，沒代誌啦。」

一鍋雞湯剛上桌，氤氤氳氳，小珍站起身舀了一碗遞來，要我趁熱喝。這是加了高麗蔘熬補的，她說。

我生命中初次親歷的性產業，就是在深夜的日光燈下，勞動後的疲憊身體，與友善尋常的承接。那必然啟發了我什麼更深層的理解與認識，動搖了原本被學院所框架出來的自以為是，乃至於在數年後，當台北市邁向快樂希望的進步城市，那些持有國家發放執業牌照的公娼們，在粗暴的廢娼政策下頓失生計而集結行動時，我與同志們都深受撼動，全力投入，與她們協同作戰。在那些娼影隨形的抗爭歷程中，既要抵抗地方政府的政策暴力，更要抵抗主流婦女運動似是而非的汙名論述，而毫不意外地，率先公開聲援公娼的社運力量，是以藍領工人為主的產業工會。並且有極少數的男性工人，最終願意以嫖客身分出面倡議妓權。

可以說，橫跨上個世紀末至新世紀初的公娼之役，深刻影響了我這一代的社運組織者，關於性、性別、勞動，以及罪與罰的公共政策，都受到前所未有的激烈爭辯，與更內在的反身性檢驗。階級和性別的社會實踐，從來就是連動的，在對峙交錯的張力中，互有挑戰，緊密相連。我因而知道統一化的道德指標，若無視於具體條件的差異，也不過是自以為義的傲慢；知道占據高位的救援路線，若拒絕當事人的利害盤算，又與踐踏他者的偽善何異？

公娼之役教會我現實生存的複雜性，以及強悍有力的就地反擊。我們共同經歷了最難堪的羞辱，最傷心的挫敗，彷彿向年輕的我指認未來，未來的道阻且長。

那天晚上，夢娜其實進房不到十分鐘就出來了。房門微啟，夢娜閃身而出，留一條門縫輕掩。卡拉ＯＫ仍逕自空轉，夢娜順手拔下麥克風，開口就要接續唱歌。

「囝仔佇睏也無講一聲，」我熟識的工人阿宏箭步向前，蹲下來把音量轉小：「Echo 嘛轉卡細聲咧。」

「習慣矣啦，伊真好睏。」夢娜說著，就笑了。

後來還有沒有人接著唱歌，我已經不記得了，但喇叭聲一直保持低迴。我們繼續喝酒划拳論政，偶爾有人站起來跳舞，也是牽就著樂聲搖晃，像攀著一首遠方傳來的歌謠，呢呢喃喃，輕聲細語。

傷口是有力量的

接到榮總職業病醫師的電話，他的聲音急切，但態度客氣有禮：「這幾天送進病院的職災工人，很年輕，高壓電擊，手術截掉左上肢，命保住了，但人很沮喪，想自殺，都不吃飯了……」

兩萬兩千伏特的電力像一把火，從左手竄入，燒過年輕人的全身。在空調良好的住院房，胸前殘留的焦裂遺跡尚在紗布下滲著血水，止痛劑直接注入吊筒內。這個年輕人醒了又睡，睡了又醒，還是痛。彼時他還不知道，毛細孔灼傷後悶熱無以排汗的糾結皮膚，在未來的夏季更是分秒折磨。眼前看得到的，是殘缺與失去，燎原後再無知覺的左手末梢神經與焦黑骨肉，已被切除。

截肢之痛，痛不欲生，剛救活了又來尋死，餐點送進去又原封不動出來。對未來的想像，配備全掉光了，寸步難行。不敢想。

死亡容易些，不必想。那種瞬間抵達放棄的念頭，在我所任職的工傷協會，一點都不罕見。不罕見，不代表不嚴重。突如其來，熟悉的勞動環境一夕崩塌，身體不可挽回的嚴重受損——工傷致殘者的共通經歷，就算發生一千遍，每次都不一樣，一樣的是痛不欲生。

「嗯，」問清楚病房號碼，我說：「明天下午方便嗎？我們會有人去探視。」

次日，工傷協會理事長詹開著改裝過的汽車，以截去肘下雙肢的懸空手臂，熟練操控改裝過的駕駛盤、煞車器，左右開弓，順暢地載著我同行，長途駛向榮總探病。

詹十九歲時，也曾在勞動過程中遭受高壓電擊，右手進，左手出，雙手都在送醫數日後接連切除，以搶救尚存的肘關節不受細菌感染。三十多年來，詹與殘缺共存，練就了一身本事，和世界重新協商、討價還價，學習如何過生活。城市的大眾運輸工具原來是這樣的不友善，緊急煞車、搶速關門、拉環設計等，沒一樣能讓身障者安心搭乘。累積了數次在公車上跌倒滑行的窘境，詹不得不貸款買車，以取得行動自由。開車也不過是謀生的基本款，他還能雙肘夾緊毛筆寫出足以辦展的好字好畫，同桌吃飯從來不需要我幫忙夾菜，後來上街頭抗爭，也深諳斷臂夾麥克風發言的吸睛效果，帶動喊口號時特別有魅力。

●

現在，詹來到病房，什麼暖身的問候之語都不必說，年輕工傷者的表情就悄悄起了變化：抗拒，狐疑，好奇。而好奇心終究是具生命力的。

詹的殘缺就是他的力量，得以承接最猛烈的撞擊，最無望的想像。他們同在年少時遭受高壓電擊，生命轉了彎，原本習慣的生活方式全部換了樣，別人看自己或自己看自己的眼光，也一夕變了形。那些安慰他看開一點、再來會更好、不必擔心未來的話語，都輕飄飄沒有重量，失去溝通的有效性。病房裡來去，所有好心勸誡的嘴型都張闔如水裡的魚，灰白的泡沫，無盡的空洞。

未知令人恐懼。被恐懼包圍的痛苦，只有受過傷的人才知道。或者說，受創的身體彷彿內建通關密碼，鏈結彼此的擔憂，承接那些不曾痛過的人所無法理解的苦楚。

年輕的工人示意我調高就枕的病床，讓他好好坐起來。

「謝謝。」他低聲說，幾乎是害羞，抬起右手背拭去眼角的殘垢。那也許曾是淚。

詹談笑風生，說了些術後如何預防傷口發炎感染的切身之苦，比劃著已然不存在的斷手，說幾萬伏特的電燒不死的，最後可不要毀在小小的病菌那就太不划算了。他幽默自嘲，輕鬆自在，失去的暗影彷彿縮小了、清空了，再也不占記憶體，像是生來如此。他且興緻勃勃地指點了幾項要事，像是機汽車、家庭衛浴改裝，都可以申請社福補助之類，還有別忘了申請健保的職災部分負擔減免，這可是工傷協會上街頭爭取來的。

也許是因為同病相憐，更可能是因為「原來也沒那麼慘」的鬆懈，病房裡竟傳來陣陣笑聲。

當天晚上，護士說年輕工人開始喝下第一口熱湯。

那是新舊世紀交接之際，我任職於工傷協會，與工傷者協同工作。協會由工傷致殘者、職業病患者、工殤亡者家屬共同組成，每位成員都帶著生命中的挫敗與傷痛進場，缺手斷腳、目盲重聽、燒燙傷、脊椎損傷、職業病纏身，各有不同勞動身世，經常相互調笑「比慘的」。我很榮幸，也很慶幸，彼時有機會長期與工傷者緊密共事，貼近理解各式挫傷的產業來歷，也深刻體會到缺損不只是缺損，傷口也會長出承載他人苦痛的力量，發出熒熒微光。

那些結痂的傷疤、扭曲的關節、不對稱的跛行、懸空的上下肢，成為我們的日常。很多很多次，新的會員惶恐求助，我用掌心握住他或她殘缺的手指，要求他摘下口罩以檢視灼傷面積，冷靜評估可適用的法律，調解與勞動檢查的利弊，以及資方脫產的可能性。正因為深知未來他們還會遭遇更多，更多來自現實的挫敗，工傷協會裡的大家多不會在初見傷殘時驚惶流淚，我們自在接納缺損，甚且經常跳過同理心的撫慰。

若有難受，必有難受，那絕非因著眼前的創傷，而是預見未來。未來，有更多漫不經心的不便與歧視，將啃蝕他們對人的信任。那些動用制度漏洞逃脫補償責任的雇主，那些規避著要問又不好啟齒的陌生眼神，那些以同情為出發但更像是否定他們的努力的種種善行，那些完全不給機會、連面試都直接否決的不平等就業應徵，他們將一再被拒於門外，人們關注他的缺損更甚於他彌補缺損的努力。

這些那些，都是傷痛的多元面貌，沒有哪一項比任何一項更嚴重。眼前的這個已然受損的身體只是傷痛之一——甚至是最可親的，要賴以共度餘生。需要學會並協商出新的相處方法，以共同面對漫漫餘生，餘生之苦，與餘生必有的承擔。對於彼時的我來說，勇敢的定義因而被改寫了。勇敢，並不來自砍伐前行的膽識，而是承擔挫折的能力。失敗與匐倒後，還可以想法子，暫時躺一躺也可以，肢離破碎地往前。

我於是知道了，「看多了」並不會降低我們對人事物的敏感與同情，視而不見才會。同理他者之心，不會因為過度使用而降低效用，一如愛過不會使我們免疫於愛，反而得以穿越眼前的迷障，更敏於那些真正的痛楚與悲傷。對於殘損的溫柔以待，多半也只是視為日常，該出手該放手，都是兩方平等協商的過程。

賣命

雲大哥相貌生得英挺，四十幾歲的人，黑髮濃密，鼻樑端正，雙目炯炯有神，一口整齊的白牙笑起來毫不遮掩，說起話來整張臉都是表情。

我見到他的時候，離他發生工傷都已經快兩年了。一場車禍摔得他頸椎、腰椎嚴重受損，神經無以傳導，四肢全癱了。雲大哥平躺在床上對著我們爽朗打招呼，聲音宏亮，神采奕奕，裸露在薄毛毯外的小腿及手臂勻稱好看。

我心中暗暗估量：天哪，這麼漂亮結實的肌肉，每天的按摩復健要花多少工夫？

一旁的雲大嫂不多話，見面淨是笑，忙進忙出切水果、張羅茶水，看不出長期伺候病榻的操勞，言語神色間也不見委屈、隱忍。就是安靜，也冷靜。

職災求償的時效將至，雲大哥算準了時間，在傷病補償結束前提出勞資爭議調解，病歷、薪資單、打卡紀錄、投保資料、甚至所得稅扣繳憑證都準備得妥當齊全。他不是個無助的受害者，而是有備而來的行動者，自主尋求工傷協會的專業意見，協同作戰。

初次見面，雲大哥邊討論和資方協商職災補償的細節，邊說起近來的政壇新聞。他臧否時事，談笑風生，完全是豪情萬丈喝酒論天下的架勢。

「其實，如果不是為了年資要滿二十五年才能領退休金，我早就想離職了。」我們正一筆一筆算計著職災補償金額時，雲大哥感慨地說：「在這個工廠，做久了實在會怕。」

「為什麼？這麼大的石化廠，算是北部最有規模的了，不敢有什麼違法的事證吧？」

我想到同街上另外一個小工廠的職災工人，出了事，才知道自己連勞工保險都沒有。還在醫院急救，老闆就避不見面，別說職災補償了，連當月的薪資都不知道要向誰討。天地不仁。

「別看我們工廠歷史悠久，資本雄厚，其實不過是表面風光，很多廠房設備都很老舊了，危險地帶很多，根本是個毒氣工廠。」雲大哥話題一起，索性示意我先別管個案紀錄了，認真分析起廠內二硫化碳、硫化氫濃度過高的問題。勞動環境的安全指標是最關鍵的，雇主若不投資足夠的安衛設施，工人就只能被迫承擔職業災害的惡果。

「有機溶劑的安全資料表都不在我們手上，誰也不知道是不是超過標準？但那個氣味，嚇死人，平常沒事沒有人敢走上二樓，就怕暈死在那裡也不會有人發現。」

「應該要求公司的勞工安全衛生委員會公布數據啊。」

「宜蘭廠沒有工會，勞安委員也沒有工人代表，說了誰會理你？」雲大哥顯然思考過很久了，他冷靜分析：「廠區裡哪些地方特別危險，老員工人人心照不宣，知道怎麼保護自己。可是這幾年新召募進來的一批菜鳥，根本沒受過訓，完全沒有安全意識，被派去修理機器也不知道要自己準備口罩，簡直是送死。」

●

當時我已投身工運多年，曾與雲大哥公司的相關企業工會合作，深切了解這家知名的石化大廠，雖然在勞動條件上都符合法令要求，但大老闆「經營之神」的封號，經常作用在企業管理的枝微末節，發揮不可思議的關鍵性作用。令人瞠目結舌。

印象特別深刻的一次，林口廠的工人阿丁發生職災，嚴重挫傷並多處骨折，送醫住院治療。事故發生在執行職務的上班時間，時間、地點、因果關係皆無疑議，需要工會介入協商的，便只是工傷補償的項目與金額了。由於阿丁單側手腳都上了石膏，無法自行移動，每日需要專人餵食、洗浴，他的妻子已請假多日，全天候照料。我於是協同工會在「必要之醫療支出」中，增列聘請特別看護的費用，也獲得資方代表的允諾。

次日，看護來了，竟是同廠同生產線的一名新進同事。兩名並不相熟的藍領工人，在病房裡成為照顧者與被照顧者，雙方都十分彆扭。比照下班時間告別病房的同事，尷尬說來醫院比在工廠累，兩個人都又緊張又無聊。阿丁公傷病假期間，生產線原就人手不足，新同事被調派到醫院當看護，工作更是吃緊。廠內生產線之間的競賽影響到每個人的績效獎金，一口氣少掉兩名工人，阿丁所屬的這條生產線日日成績墊底，再這樣下去，非旦績效獎金不保，連年終獎金都可能大打折扣，集體損失慘重。

如此撐過數日，同條生產線的其他同事們接二連三來探病了。圍繞著阿丁的病床，同事們七嘴八舌開玩笑：「丁仔，到底還要多久才出院？」、「好了啦，冷氣吹太爽吼？我看你再住下去就要生菇了。」……字字句句都在暗示患者及早出院，解除特別看護的需求。

就這樣，毋需主管施壓，不費一兵一卒，光靠著薪資結構的設計、生產線的績效競賽，工人們就自動形成內部壓力，讓傷者自行撤回訴求，提早返回工作崗位了。未聞煙硝，不見血腥。這些與大型石化廠交手的驚怖經驗，令我畢生耿耿於懷。「沒有工會，乾脆你來委託我代為檢舉，向官方正式申請廠區的勞動檢查好了。」我聽了雲大哥的說明就忍不住發急，胡亂出主意。

「工廠全面生產自動化，看起來都很正常，機器外面的濃度也有定期測量，紀錄上都沒超過啊。」雲大哥將我帶回眼下的現實，指出官方無以檢測的核心癥結：「問題是，二十四小時的全自動生產，老舊的機器三天兩頭出狀況，需要派員工進到大機器裡面維修，外面的濃度沒超標，裡面的積沉濃度到底是多少？誰知道？十幾年下來，累積在工人體內的有機溶劑，怎麼查？去年還有個老員工下班一回到家就倒下來了，中樞神經中毒，腦子都不行了，事發在家中，誰能證明是長期職業病？」

十四年前，雲大哥婚後搬回宜蘭老家，就進了這家石化廠。從基層操作員幹起，一路升上領班、助理工程師，還曾經當選年度模範勞工，理由是：「我從來沒有請過假！事假、病假、喪婚假都沒有！」他說著，竟爾哈哈大笑，悲哀又荒謬。

「幹嘛這樣拚命……」

「拚什麼？根本是賣命。我老是說，這個工廠遲早會出事，沒想到先出事的是我。頭一次請假，就再也請不完！」

總是拚全勤的他，長夜加班後回家途中倦極失神，車子就逕自衝進路邊溝渠裡了。醒來，人生已轉了向。

他談起自己工作時很努力，但也小心翼翼保護自己，假日到圖書館找二硫化碳相關資料，知己知彼。孩子尚小，他謹慎算計著再怎麼打拚，也別把命陪在這個毒氣工廠裡。事過境遷，如今再回顧這些掛慮、計算與運籌帷幄，都顯得虛無了。防不勝防。

「下回再找出來給你看，我那時候還私下偷偷畫了幅工廠逃命圖，把毒氣外洩時的安全路線圖都先畫好。」雲大哥侃侃而談，有點得意，有點失笑，「說真的，這個工廠就像迷宮一樣，到處都是過量毒氣，萬一走錯方向，還沒逃出去就先被毒死了。」

我也忍不住笑起來，告訴他：「我看過你們高雄廠的員工撫卹辦法，若是廠內發生事故時，因搶救廠房設備或機器而致殘、死亡的，還會另外加發工傷特別撫卹。」

「原料和設備有人命重要嗎？還回頭搶救？我才沒這麼傻，」他搖搖頭：「逃命要緊！」

我想起一九九六年底桃園縣蘆竹鄉的永興廠爆炸案，兩個過氧化氫銅的鍋爐接連氣爆，造成十死四十九傷的慘劇。第一個鍋爐爆炸後，工廠大火，但無人死傷，工人們驚魂甫定，竟是一個個回廠來協助滅火，奮力搶救物料、機器，以減少工廠的損失。彼時消防車都開進廠區了，警消、義消、工人們全在現場，救火的、救什物的、拉水線的、搬貨物的……忙亂間，第二個鍋鑪又爆炸了！每每想及無任何防護裝備就跳回「火坑」救災的工人，便覺心痛。是什麼樣的職場文化，什麼樣潛移默化的危機反應，竟是物優先於人？任令工人賣命搶救資產。

雲大哥早就看穿勞資權力的不對等，工人薪給只占生產所得的極小比例，資本積累卻全歸老闆獨有。犯不著為搶救工廠資產而賣命，他早就知道了，不值得。但這樣一個對廠內安全衛生抱持高度警覺的工人，卻忽略了長期加班所造成的體力透支，通勤職災終究還是沒能放過他。

四肢癱瘓，只是表面上看得到的。雲大哥愛美，大嫂持續每天兩次全身復健按摩，以難能想像的力氣阻擋肌肉萎縮的速度，也保持皮膚不致過度鬆弛。至於體內看不到的，腹腔內器官漸次失能、壞死，排便不易，泌尿道多次感染，相關併發症防不勝防，肉身終究一寸寸失守。

好多年好多年以後，雲大哥過世了。我去電致哀，雲大嫂語氣平靜：「謝謝你。我知道他很苦，不過，」她頓了頓：「他從來沒有放棄，盡力了。」

遺物中沒找到雲大哥自繪的工廠逃生圖。我總是想，也許他當初就把圖留在工廠，會有哪個工人看到了，知道要如何避免走入毒氣迷宮裡，也許就因此在災害中保住了性命也不一定。

我作證

終於，輪到我出庭作證了。

我經常在法院開庭的現場，見識過不同法官的態度，意興闌珊的，盛氣凌人的，全然對勞動環境無知卻仍是一意孤行的……當然，偶爾也會出現謙遜的，好學的，喜怒不形於色但問話一針見血的法官。旁聽的我們當下只覺不可置信，竟爾心生走運之感。

法官獨掌了最終宣判大權，心證總有傾斜，那傾斜的幅度難以預測。於是，等待判決竟好似碰運氣一般，心驚膽跳，天堂或地獄，必須同步準備好贏或輸的聲明稿。

尤其是，現實經驗裡工人們最熟知的，莫不是歹運，與徒勞。

我陪同失業或職災的原告——那多半是窮盡一切手段，勞資調解無效後，不得不艱難跨過訴訟門檻、奮力一搏的受害工人——坐在旁聽席，理解他與她的急躁，感受那種就要開口反駁、辯解的坐立難安。但是法庭幾乎沒有他們說話的份，這是代理人之戰，此處操演的是陌異的法律語言，超乎任何常識推論，聽來毫無情緒，也罕有活力。我按住他們的急切就要舉起的手臂，低聲勸阻：

「沒關係，先讓律師說。」

兩造的代理人知道如何攻防，他們轉譯勞動現場與僱傭關係，成為法庭有效的用語。那些血淋淋的、具體的事實，以另一種高度抽象的話語再現，嚴謹、陌生、無情而費解，專屬於法官、律師、檢察官的封閉語系。工人們被排除在法庭溝通之外，聽不懂，對局勢無以判斷，喪失自信，宛如局外人。

總是在開完庭，走道邊圍成一圈事後補課，工人們才敢開口詢問：到底法官在問什麼啊？到底對方律師說的是什麼意思？到底會不會贏？

偶有一兩次，律師爭取到讓工人自己發言。我們於是花很長時間演練，工人認真在法庭上重建現場、說明病況，旁聽席爆滿，全是來聲援的志工。對方律師心不在焉地翻看文件，法官在不該斷句的時刻插話：可以了，我沒有問的你不要說。

多半在這種時候，資方是不會出席的。他們的律師團遠比我們的壯觀，看來也更泰然自若、胸有成竹。有時資方會派個人事經理陪同出席，他經常不耐煩地低頭看錶或其他資料，裡面的訊息總是比法庭現場重要。若被告是官方，必然會有承辦官員出席，他們的態度謹小慎微，避免和原告交談，也沒帶太多情緒，甚至很少和自己的律師討論案情，就只是，出個公差而已。

著急的，不安的，從來只是工人這一方。

作為原告的工人，多半已然另謀他職，請假會被扣薪，請太多假新雇主會不高興，還有長途車資並不便宜，某一次開貨車來出庭，博愛區被拖吊竟要價三千元，心痛至不願再來。每一次出庭，都有經濟負擔，都會消磨鬥志。實在不能理解，為什麼這一次對照律師丟出這個爭議點，我方律師不直接答辯，卻要到下次開庭才具狀陳述？一個月甚至三個月之後的下次開庭，又出現新的爭議點，又推向新的求證迴圈。為什麼不一次說清楚就好？

每多開一次庭，都是經濟與心力的拖磨，工人最經不起一拖再拖。

●

台北捷運潛水夫症工人的職業病賠償案，第一審糾纏了四年多，罹病工人們提出各大醫療中心的職業病診斷證明、勞保局職業病認定等證明，都不被法官採信，不得不奔波於地方政府勞動局、中央勞動部的職業病鑑定，終於取得逾四分之三同意、無一反對票的職業病鑑定，成為台灣史無前例的、無異議卻重複鑑定職業病的工人。二審總算可以直接進入實質審查了吧？承攬捷運新店線工程的新亞建設，竟對二十餘年前簽訂的勞資和解書不認帳，將署名「青木新亞聯合承攬公司」的責任，全推給已然解散的日商青木建設，彷彿新亞公司只是個走錯棚的路人甲。

協商遇到鬼，大抵就是這個感覺。

捷運新店線都正式通車二十多年了，當年和解書上的簽名，除了勞資雙方當事人，負責召集會議的捷運局官員都退休了，眼下只有當時以列席資格簽署和解書的我還在。我知道，我在場，我記得，我見證了一切。

成為證人，總算有機會在法庭上說話。

「不要緊張。」律師說。

「有什麼說什麼。」工人們說。

我站上證人席，也許是新冠肺炎的防疫所需，與過往法院的標準配置稍有不同，證人席並未面向原告與被告席，而是直接面對法官，中間設有多層透明隔板。坐下來，眼前是一個不到十六寸的電腦螢幕，藍底白字的及時聽打，細明體，記錄今日的開庭過程。

問話的聲音來自背後的兩造律師，但我的任務是緊盯住螢幕上的法庭紀錄，確認是否有所缺漏。法官也盯著她的螢幕，很專業地適時提出文字糾正，以免重複或混淆。我們面對面，但視線少有交集。

作證的過程，全然搭配打字的速度。沒有電視劇裡高張、懸疑的問與答，也沒有詰問與防守的精采互動，完全不是這樣。我聽見問話從我的背後傳來，但我沒有回頭，也毋須立即回應，我等待書記官將提問完整記錄了，法官確認無誤了，才輪到我開口。

我不緊張，也不能有什麼說什麼，只需要在是與非之間給出不含糊的答案，被明確地寫進法庭紀錄裡。雖然事件總有脈絡，爭論不免歧出，記憶如此多重，細節何其關鍵，但此時此刻，我只能盡全力克制自己不多做解釋，以免橫生不必要的枝節。作證，只要給出法庭所欠缺的證據，就可以了。再多說任何話語，都可能成為對造律師捉漏的破口。

「我不知道。」我謹慎地面對對方設陷的提問。

沒有人追問我所知道的細節。每一次的妥協，每一次的挫敗，每一次的斬獲，我都知道。工人們長途就醫的疲憊與徬徨，面對職災爭議的憤怒與不甘心，外在衝突引發的內部矛盾與爭執，工蟻般寫不完的抗議布條與新聞稿，還有突襲行動的害怕與決心……，我都記得，不曾或忘。但在法庭裡都只是枝節，不符合取證需求。

我唯一謹守不讓的，就是盡可能提高作證的聲量，花力氣一字一字說得響亮，像面對著偌大的廣場發言。

即便法官、雙方律師就在我的周圍，但我注意咬字清晰，發言速度緩慢，每一句回答都是大白話，非要確認坐在法庭最後一排的工人也要聽到、聽懂才行。

●

過往六年多的訴訟期間，往返六七個小時的長途車程奔波，開庭可能只有十分鐘就結束了。法庭並無配置麥克風，法官與律師之間的對話急促，聲量極小，坐在後半部旁聽席的工人們，多半聽不懂，也聽不見。

當年他們在台北捷運的坑道作業，一天二十四小時三班制，密集開挖，一天也才前進一公尺。挖土機在閉封的高壓坑道內鑿石、深挖，每一鑿的噪音迴盪在狹窄通道裡，擴大成數十倍力道的震動。工人們不曾配置任何防護設施，若戴上耳塞發生什麼危險都反應遲鈍了，來不及逃。更不用說，出入坑道的加減壓程序，事後證明是嚴重違法，時間太過短促，致使部分工人因為減壓不足，當場就耳膜破裂。

兩年的捷運坑道作業，重聽成為常態。大著嗓門說話，不是因著粗魯，而是擔心對方聽不見，因為自己也隔著一層破損的耳膜聽不分明。

鄉下人的粗魯烙印，在台北搭乘捷運時，最為困窘外顯。乾淨明亮的車廂裡，乘客們各自垂目小憩、戴著藍芽耳機滑手機，若有交談也是輕聲細語，文明有禮。羅病工人們工程結束後就返回花蓮農村，二十多年來罕有機會搭乘他們所建造的捷運。如今，他們小心地握住吊環，在平順滑動的車廂裡，站穩身形，忍不住彼此交換意見：

「沒想到捷運站這麼亮，很乾淨，也很漂亮。」

「車班遮爾仔濟，擱駛遮爾仔緊，真正是足方便啊。」

列車平穩行駛在親手建造的隧道裡，他們記憶裡暗黑悶熱的坑道，疊影般被新的明亮地景覆蓋。他們謙遜地讚美捷運便利的成就，臉上浮現滿足的微笑，像不好意思竟是自誇了一樣。

他們自以為低語，但聲音粗大，在封閉的車廂內更顯嘈雜，引來周遭不適的側目，而工人們渾然不覺。我不想勸他們降低聲量，我希望車廂裡的人都知道，就是他們，就是這幾位身形佝僂的大哥們，以其潛水夫症職業病的終生酷刑，以其重聽大嗓門的健康代價，建造了我們現下所安坐的台北捷運。

他們在封閉的坑道裡，回音震盪，耳膜疼痛，一天砍出一公尺進度。他們在高溫的酷暑，進入沒有空調的高壓坑道，每個人汗流浹背，出坑時膠鞋脫下倒掛，嘩啦啦瀑布般流出的濁水全是汗。

工人們說過的，我不曾忘記。

現在，我在法庭背對著工人們作證，腦袋快速將過往解壓縮，說的是他們也在場的事實，說的是捷運局與承包商早已忘記，但工人們日日夜夜背負在身的記憶。我沒有回頭看一眼旁聽席，但我知道那裡坐著七十多歲的陳順明，今日天未亮就起床梳洗，從三民農村趕赴玉里火車站，搭上清晨五時許的第一班自強號列車，來到台北，就為了這不到半小時的出庭。他的左耳早已失聰，右腿骨因氮氣泡阻塞微血管，已然缺氧性發黑壞死了，他拄著枴杖、挺直背脊全程坐在最後一排，吃力地撐過一場又一場音量奇小、內容聱牙難解的法庭對話，從未缺席。

歷史的證詞，何其短促、簡化，寫進法庭紀錄的都只是黑與白，只為防堵對方的謊言。但我珍惜這個作證的機會，確認打字的速度跟上我的語速，提高音量，再大聲一點，但願陳順明每一個字都聽得清清楚楚。

屎尿大事

勞工教育講座結束，一名婦人跟出門來，客氣地追問她老公上班地點沒有廁所，憋屎禁尿都快便秘了，這也算勞工安全衛生範圍嗎？可以要求雇主提供必要設備嗎？有法令保障嗎？

什麼行業呢？

木工。信義區豪宅，屋齡才十年，屋主舉家赴美旅遊了，打算趁暑假把臥室之外的空間重新設計、裝潢，預計兩個半月的工期。

第一批進場的是重拉管路的工人，再來就是木工班，其後還有水電、地板、油漆、清潔等。溽暑時分，在封閉空間內工作，粉塵瀰漫卻無法使用空調，連電扇也沒得吹，木工們汗如雨注是常態，水分補足更不能少。

屋主將主臥室的廁所反鎖，不給工人使用，怕髒。

起居空間的另一個廁所是開放的，但沒有馬桶。設計師打掉原裝修格局，除了因應風水需求，玄關運用霧色玻璃造景阻擋來客一眼看透以確保財富不外流，其他都採簡約北歐風，客廳、飯廳、中島之間全無實體牆面，僅以高低層次的家具與收納櫃形成區隔動線，打開都會少有的寬敞視覺效果。設計風格新穎、活潑，原本的鏤金馬桶就不搭襯了，拆。連浴廁的牆磚也拆了，露出水泥裸面。

新馬桶裝修是後期水電師傅的工事，現下木工班進場了，在豪宅裡寒傖泥汙的半拆浴廁裡，沒有馬桶可用。

那些終日揮汗拼接高級原木電視牆、釘製流線型擺飾櫃的木工們，勞動過程中每要如廁，就必須搭乘電梯至十餘樓層下的大廳，以身分證換取健身房門卡，才能使用洗手間。整個過程，上上下下，給證換卡，還要穿過一群著緊身運動衣跑步、騎飛輪的住戶，承受不耐的眼光，為一身酸臭的汙漬而難為情。

耗時，磨心，喪志。

汗水的意義，被場域改寫了。運動流的汗和勞動流的汗，在同一個場域，立即篩出高下之分，扞格不容。

沒有人說什麼。但總有人識相，止步，退場。

為了省麻煩，木工師傅乾脆少喝水，夏天裡一大瓶冷泡茶帶出門又原封不動帶回來。幾天下來，老婆心急了，在小七買了四杯加糖冰咖啡去探班，嚷嚷沒廁所放尿怎麼能做事，手機直接撥給工班老闆催著去協調。

不過就是尿個尿嘛，都是男的好解決啦。設計師次日來了，帶來屋主的訊息，說廁所裡可以裝個臨時集尿桶，記得每天要清乾淨，衛生紙別亂丟。

木工師傅每日收工前總再三沖洗至毫無尿騷味，才帶著一身汗臭味離去。但排便還是傷透腦筋。不想路過健身房就只能憋著，長期下來誰不是默默承受便秘之苦。

●

營造工人多有如廁問題。隔著施工圍欄，遠距離見到外露的鷹架上，勞動人影猶如蟻工，不留神就看不見了。

當都市的土地愈發金貴，不斷攀高的垂直發展就成了房地產業的常態。眼看著它高樓起，一層層的樓板、外牆，以塔吊車運送材料，輕鋼構積木似地搭高建起。才幾天沒注意，啊，都蓋到第二十四樓了。危顫顫的鷹架綁上大型帆布廣告：幸．福．花．園，每個字都占了一層樓的落地窗大小，激動地預告未來。

蓋到一半的大樓內，會先配備大型發電機，牽引不同顏色的電線至所需的樓層或梯口，臨時潦草地暫以燈泡照明。未完工的大樓工地內，樓與樓之間連結的，是尚未加裝扶手的簡陋水泥梯。每一格都有沙泥混搭的崎嶇不平，小心失足跌落，外露的鋼筋、水泥、木板堆積在階梯轉角。

建築工地裡，電梯井從來是個懸置的空缺。總要到大樓幾近完工時候，才會加裝升降機、捲輪等承載設備，但要通電，還早得很。不同工種的勞動者在不同樓層各司其職，分工有序，只有上下樓梯最是耗時、費力、危險，樓愈高愈麻煩。高處排便，從來不是簡單的問題。

今年夏日，我曾經進入一個蓋到十五樓高的傳統鋼筋水泥工地。十五樓頂仍有綁鐵工人在忙著增高樓層，十三樓、十四樓來來去去的是泥水工、板模工，但八樓竟已然進駐裝潢木工，要搶在落成時也同步推出樣品房型，好吸引買家及早下訂。

這棟大廈蓋在農地邊緣，鄰近多是三合院老屋，部分土角厝還保持得很完整，多是僅供祭祖用的家祠，新翻建的，約莫是七〇年代磁磚外牆的三層樓家屋。聽說是土地更新之故，鄰近捷運再過數年就要啟用，原地主便拆掉農舍、夷平祖墳，找人設計蓋了高樓，總計有五十六間大小房型可待出售。朝東的陽台正對著稻田，遠眺有埤塘，路盡頭是土地公廟。

工地裡的樣品屋，很神奇地選在第八樓，也許是討個吉祥數字。二十坪大的房型，二房一廳一衛一廚，還真是什麼都有了。我看著浮貼在牆上，用廣角鏡拍出的室內設計打樣，空間規劃得物盡其用。若不細算物件與物件的距離，桌椅化妝台衣櫃雙人床齊全，該有的都不缺。除此再無餘裕。但願新住戶沒有一個胖子。只待拆除鷹架與圍欄，可預見新大樓裡每間屋子都格局一致，潔淨明亮，窗玻璃也許略有風沙，但毫不掩其新穎、光透。

客廳那一頭，阿中師傅正將弧線形夾層密合鑲嵌在天花板下側。他站在兩人高的木梯上，雙腿夾緊兩側梯架，屁股懸空在梯頂上緣，左手捧著一盒強力膠，右手捉緊沾滿黃膠的刷子，將膠水一層又覆一層地刷上夾板表層。他仰著頭勞動，汗水從他的額頭、脖頸，流進已然濕透的上衣。漆完一公尺見方，阿中師傅的雙腿夾著木梯向左又挪動一公尺，重複刷膠的動作，直至整個客廳牆面上側都塗滿了黃膠。木工徒弟高舉一整綹白樺條紋的仿木表貼，一片片交給阿中師傅貼覆在黃膠上，以鐵尺壓平。

水泥地面上，明顯可以見到木梯搬移的痕跡，飛濺斗大的汗滴形狀，像烏雲籠罩在木梯頂、木梯側，星星點點下著雨。一師一徒，汗流如注。

沒門沒馬桶的廁所，以未裁切的長條木板遮住門框，掀開走入，裡面是漆料用盡的一大一小兩個塑膠桶，以及鮮黃色的粗孔水管。四下沒什麼尿騷味，想來完事的人都立即沖水，也可能是，排尿需求被降至最低了。樣品屋設在八樓，每個木工都要扛著裝潢木料爬升八層樓，體內的水分早就從皮膚汗腺大量流失了，即使冰透的含糖咖啡和保力達B喝了又喝，也鮮少看見他們進廁所。

至於要拉屎的，下八層樓到工地外有兩間克難的流動廁所，因著沒能日日清糞，總有蒼蠅縈繞不去。

午飯後，木工班的師傅、學徒各自找空地鋪平大木板，就地躺下，閉目休憩。窗外的蟬鳴，毫不遮掩地湧進來，充滿了屋內尚未裝修的裸露空間。蟬聲綿長，少有中歇，好像牠們不曾口渴，也毋須排泄。

●

眼前這個來求救的木工老婆，是個有勇有謀的行動者。我喜歡她的鬥志昂揚，單槍匹馬就直搗現場，以四杯冰咖啡換來第一階段的協商成果。

再來，該怎麼辦呢？

可以申請勞動檢查、可以要求勞資爭議調解、可以向職業工會提出申訴……我一一列舉方法，心虛得不得了。各種行政工具擺在眼前，看似可行，勞工安全衛生法的相關細則也尚稱堪用。但協商的關鍵，從來不在程序，而在力量對比。

裝潢業的木工班，多是臨時組成，沒有固定的僱傭關係，勞保也是各自掛寄在職業工會。所謂的彈性就業，最先被拔除的就是工人的集體協商權。點工制的論天計酬，使得工人遇到不合理待遇多是忍氣吞聲，一天不上工就一天沒收入，得罪了老闆下次不叫工也算不上解僱。至於豪宅屋主，那根本是層層分包的最上端，雲深處望也望不見。

籌碼怎麼算怎麼少，幾近赤身搏鬥。我們像是面對漫溢八方的汙水，不知如何橫渡。

不得不想起，因著屎尿問題，直接危及性命的台北捷運工人。台北捷運新店線興建時，往地底深處下挖十六公尺，使用壓氣工法修復因滲水而嚴重崩塌的坑道。一般異常氣壓作業，出入坑都有嚴格加減壓規定，保護勞動者免於潛水夫症職業病。但捷運壓氣坑道開挖的前一個月間，既無空調，更無廁所。我曾聽聞一名捷運工人因腹瀉緊急出坑，未經完整減壓便逕自轉入地面，出坑後立即雙膝癱軟跪倒在地，那狼狽，日後竟是永久性受潛水夫症所苦。氮氣泡隨著血液在體內肆無忌憚流竄、阻塞微血管，痠痛如針扎，終生不得痊癒。

現在，我和木工師傅的老婆站在街口，周邊都是摩天大樓虎視眈眈，天空被切碎成不規則的幾何圖形。我們不約而同望向遠方，落日懸在只有一個拇指大小的台北 101 背後，暮色慢慢沉落。

我們在下班擠向捷運站的人潮中，並肩同行，街燈也一盞一盞亮起來了。

一點六米寬的樓梯

鐵扶梯陳舊而克難，僅容一人攀爬，腳踏處略有懸晃，扶住邊欄不時摸到一手鏽漬，會扎人。

從三樓轉進頂樓加蓋的鐵皮屋，我們一行八人沿著扶梯魚貫而上仍顯震盪，可想見平日上下班時分，趕著打卡的擠身急促、震動至岌岌可危。鐵皮屋住了三十多名菲律賓女工，這個時間她們都在二、三樓的生產線前勞動，僅有代表大家出席勞資爭議會議的蘿絲、艾琳和瑪莉安緊挨著我走。她們跟著我的目光快速掃描用餐處與住宿區，露出不可置信的表情，像是第一次發現屋牆的簡陋，每一步都像浩劫餘生，熟悉的日常生活一夕間被揭露出殘破真相。

水泥地板上，以兩人並肩寬的間距，沿著牆排列一個又一個雙層鐵架木板床，行李箱全蒙了塵塞在床板下，與拖鞋、臉盆、及漱口杯挨擠著。正對面的牆也有一排床，和這一排不甚齊整地兩兩相對，很多下鋪位吊掛大毛巾或花布、長裙垂晾，遮掩出半坪床面的隱私空間。第三面牆的窗戶被一整排塑膠衣櫥擋住了。那些色彩鮮豔的塑料布面，多是花朵、森林、海洋、與卡通圖案，由細管不鏽鋼接合的脆弱骨架撐著，經年累月或爆口、或緊繃、或鬆垮地包裹衣物。一個挨著一個的塑膠衣櫥歪歪斜斜站著，背對陽光。

髮色灰白的大老闆態度殷勤，四樓沒有冷氣，他一身剪裁合宜的深色西裝看來有幾分燥熱了，但步伐依舊不疾不徐。穿過被雙層床位占滿的住宿區，大老闆微微側身讓勞工局官員跟上與他同行，適度拉出與後面的人事經理及其他人的距離，一逕保持帶領的穩當姿態。

蘿絲她們其實才是住在這裡的主人，但她們認份地尾隨在後，踩著老闆與官員踩過的路徑，經過只有垂簾沒有門的廁所時，面露尷尬且困窘倒像是她們犯了錯。

往前走，再走，再走，直至鐵皮屋的盡頭，沒路了。

「逃生門在哪裡？」我把蘿絲拉過來：「失火了你要從哪裡逃走？」

人事經理站在牆的另一端向大家招手：「有啦有啦，宿舍怎麼可能沒有逃生門？這樣消防安檢無法通過啦。」

我們沿著堆滿廢棄物的牆邊，神奇地來到一扇陳舊的木門前，被棄置的石綿瓦遮住，看來積塵已久。但確實是一道門。

「這就是逃生門。」人事經理臉不紅氣不喘地說：「每個外勞剛住進來時，都會告訴她們。」

「打開看看。」我說。

勞檢員掏出紙巾擦拭門把，喇叭鎖試了三次都聽到卡鏽的磨損聲了，咔啦咔啦……咔咔咔……總算在鑰匙折斷前開啟。門後，緊貼著還有一道鐵門。鐵門上有一圈鐵鍊纏繞著，是鎖住的。

身後有人噗哧笑出聲來。唉，一定是調皮的瑪莉安。

大老闆鐵青了臉忙囑人下樓拿鑰匙，壓低聲音還是清晰可辨：「保險櫃的第三層抽屜。」

埋藏在木門後的鐵門嘎嗚嘎嗚拉開時，像是堆了一百年的蛛網灰塵紛紛彈落，門後若真飛出尖牙蝙蝠、跳出一隊殭屍或綠眼吸血鬼，也不叫人意外。

勞檢員搶身上前，推開一角，再四十五度，推到門背頂住牆面，壁燈點亮，眼前一覽無遺。

「哇……」蘿絲、艾琳、瑪莉安和我都驚呼出聲。

一道寬敞華麗的赭紅色織毯順階而下，蜿蜒的弧度在門後神秘莫測，只見兩側的牆燈閃著瑩光，像鑲著碎鑽的一條紅河。

●

夏天才過了一半，三十四名菲律賓女工就已經連續三個月沒領到足額薪水了。我們利用假日在火車站討論多次，小心地累積打卡紀錄、薪資單、扣款簽據等證明文件，以及淡季時被轉賣至其他工廠的現場照片。經過漫長的資料蒐集及證據取得，蘿絲帶著移工們申訴的連署書，正式向官方舉發工廠違反勞動基準法，申請勞動檢查，同時在工廠一樓進行勞資爭議協調會。

現在，我們攤開厚厚一疊薪資單，這是三十四名移工的破損心聲，每個人都蓋了手印，斑斑紅印宛如血跡。

資方是個頭髮花白的老紳士，受過日式教育，整個人有一種老派而古典的多禮。我作為勞方陪同代理人的身分入座時，他微微欠身頷首，完全是長期教養下自然流露的致意，風度翩翩。當然我也注意到移工入座時，他並沒有回以同質等量的示意，而是後靠著椅背，冷靜盯視著她們一一低頭坐上臨時加添的塑膠椅凳。老紳士客氣遞來的名片上，頭銜不少，他是董事長，也是宗親會長，更是地方文史協會的榮譽顧問。

果然是見過世面的人。老紳士一開口，字句斟酌得體，不慍不火。

但我們申訴的內容，倒是血淋淋的毫不留情。電子廠的訂單不穩定，旺季趕工時，所有移工都連續工作十二小時以上，有時睡到半夜還被領班直接進入宿舍搖醒立即上工，但加班費計算卻嚴重違法；淡季時，生產線上物料不足，工資不全額給付，有的移工甚至被轉賣到其他工廠工作。蘿絲她們偷偷拍下的相片裡，足以辨識廠址的就有淡水、新竹、新店，都是電子廠，但都不是相關企業，她們的薪水單還是來自原有的工廠，至於老闆拿走多少差額，就沒有人知道了。

面對所有的指控，老紳士一逕從容以對，說是誤會，說要調查，說打卡紀錄的工時不準，說那些相片是外包廠商，移工只是陪同送貨並未被派去工作。他的態度客氣，措辭有禮，掃向蘿絲她們的眼神又慈愛又有威嚴，像是很抱歉管教無方，這些女孩子們真不懂事啊就別再添亂了。

移工宿舍就在工廠兼倉庫的頂樓，鐵皮加蓋，夏天的悶熱可想而知。但移工們最抱怨的還是門禁出入問題：每天下工後，最後一個台灣工人離開廠房，一樓的電動鐵門拉下，住在頂樓的菲律賓女工就宛如被軟禁。

這部分，老紳士倒是坦承不諱：「下班很累了，就在宿舍好好休息。工業區這麼亂，年輕女孩子下了班還出去趴趴走，被強暴怎麼辦？」

「可是下班後肚子餓，也不能出去買東西……」瑪莉安才二十出頭，來台灣工作才半年就瘦了五公斤。

「有的人晚上不加班跑到外面抱男朋友，這像話嗎？」他的眼睛透過金邊眼鏡盯視著艾琳，再一一掃視在場女工們：「來台灣就是要賺錢，不該貪玩。說真的，你們讓我很失望！」

艾琳瞪大了眼。我知道她和男友一同赴台工作，男友在高雄，好不容易和同事調班連休兩天才上台北來會面，她因此拒絕過一次加班，當月考績就被倒扣一千元。沒料到大老闆連這個都知道。

「我沒有愛玩……」艾琳無效地抗辯。

「你問問她們，」老紳士轉頭對著我，商量似地娓娓道來：「我對待她們就像是我自己的女兒一樣，平常都很照顧。晚上不給出門是為了保護她們。」

「你會把自己女兒關起來嗎？失火了怎麼辦？四樓連逃生門都沒有！」

「我們真的很怕會出事！我的朋友在別的工廠被火災燒死了。」

「下班不能出去好像一直沒下班，都快生病了。」

勞檢員總算說話了：「一樓鐵門上鎖，沒辦法從裡面打開嗎？如果沒有足夠的消防及逃生安全設施，四樓不能當作員工宿舍。」

老紳士這才改口：「一樓門鎖了，頂樓還有別的逃生門，外勞住進來前都會教他們使用消防設備。」

任誰都聽得出來，老闆以保護之名，隱藏的是聘僱成本下降的利益，下班後宿舍直接關門就可以省掉聘舍監管理的費用了。但宿舍門禁不在法令規範內，此時我們只能捉緊消防設備，要求立即到移工宿舍進行勞動檢查。

危顫顫上了四樓，從牆上機器被遷移的痕跡看來，頂樓本來也是生產線，但幾年前開始引進移工以來，就拆了機器，改裝成宿舍。說是改裝，其實也不過是把原有的長形空間從中下掛一道米黃色塑膠折疊簾，分隔餐廳與住宿區。

餐廳裡散放十餘張陳舊的長型會議桌、數十只塑膠折疊椅，一台二十寸的舊電視放在碗櫃上，平日三餐都吃便當。轉入宿舍區，舉目盡是排排站的雙層床，以及挨挨碰碰的塑膠衣櫃。這正是我所熟悉的移工宿舍，不髒不亂但就是擠，人不在場還是有一種滿溢出來的擁擠。隨身家私全都塞在床上、衣櫥裡，床下還有拖鞋及出外鞋，再多就溢出來了。

空間局促，生活就更顯得急就章。洗淨的內衣褲懸在一線鐵絲，吊在床與床間隔的半空中，潮氣沉沉。連空氣都很擠，不夠用。整個人生壓縮成一只行李箱，彈開來又壓回去，無處從容安置。

通往衛浴，三十四名女工只有三間廁所、四個蓮蓬頭，有的廁所門已經壞了許久，浴室前一律只有塑膠簾子，牆角有霉。勞檢員皺著眉：「這樣子不符規定哦，浴廁這樣怎麼夠用？」

「還有這兩間廁所啦，正在修。」人事經理忙指向另兩個沉沉上鎖的門。

「我來一年多了都沒有修好過。」蘿絲冷靜地插話。

檢查宿舍不在預定的行程，官資雙方都有點手忙腳亂。走道上有一台飲水機，我翻開濾水檢查紀錄給勞檢員看，一整年都是空白的。

「逃生門在哪裡？」勞檢員問。

我們都一樣好奇。在哪裡？

●

宿舍盡頭，打開埋在石綿板後的木門，再打開積塵多年的鐵門，一道華麗的赭紅色地毯鋪在寬敞樓梯上。

這是愛麗絲夢遊仙境的入口，一定不只我一個人這樣想，空氣中有隱隱的騷動，好奇心膨脹摩擦宛若電光石火。順著樓梯往下走，兩旁的牆面鋪著一層燙金藕色的高雅壁紙，懸掛一幅又一幅風格迴異的油畫與水墨，看來是用心收藏的名家之作，畫框的材質毫不含糊，且配備照燈打光仿如置身藝廊。樓梯轉角放著半人高的唐三彩，還有高聳銀花從深口的描青花瓶探身四放。

逃生門竟是一步就跨入奢華秘境，天地之別。

我們才剛走過擁擠狹隘的移工宿舍，三十四名女工共用三個沒門的廁所，淋浴間的熱水器壞了個把月也沒修好。才一牆之隔，就在水泥鐵皮屋的樓下，竟是美輪美奐的高級會客室，優雅、高尚、品味非凡。空間轉換宛如穿越劇，幽明兩隔又任意相通。我一時恍惚，不知要笑要氣，太魔幻寫實了。一千隻血色蝙蝠迷離倒掛在我們腳下的厚地毯，站不穩，搖搖欲墜。

我借了勞檢員的鐵尺彎腰測量，一點六米寬！三人並肩而行也沒問題。

好美麗啊，蘿絲喃喃自語。

好像故宮哦！我聽見瑪莉安興奮地誇口。我知道她們都在旅遊快訊上看過故宮的介紹，但至今沒有人去過。

抵達樓梯口，轉彎就是老闆接待貴賓的私人會客室，足足有十五坪大。全套仿明代古董木家具，氣派非凡，玻璃櫃內是大老闆出國旅遊時帶回來的各國紀念品，東西夾陳，特別偏好手作的精緻質感，展示主人的品味與財力。

我嘖嘖稱奇：「這些收藏，很花心力吧？」

「我就是喜歡藝術品，」老紳士客氣地說：「有時在這裡一整天思考、看看書，可以想得更遠。」

他頗為自豪多年的收藏，竟是完全忘記方才的衝突，大方地引介這個人偶是泰國皇室製作的可不是贗品；那個水晶美人魚是丹麥哥本哈根的港口買的，還有序號可以查；你看掛在那裡的手織絲毯不要以為不起眼，是當年從西域帶回來經典絲綢複製款，限量的唷。他侃侃而談，每件精品都有來歷，要價不便宜，重點是桌椅玻璃櫃都窗明几淨，塵埃不沾，猜想每天都有專人清掃、維護。

老紳士談笑風生，毫無牽強地暢言一旦頂樓火災或出事了，外勞隨時可以使用紅地毯安全撤離，這個會客室有很好的防震防火處理，是絕對安全的逃生口。

勞檢員踱步到樓梯口，重新丈量並記錄逃生門的長度與寬度。

蘿絲、艾琳、瑪莉安回過神來，火速重返樓梯通道，掏出手機拍照。誤闖禁地，機不可失。蘿絲攬著我在唐三彩前自拍留影，艾琳和瑪莉安也立即搶站古畫、古董等絕佳視框，笑容燦爛入鏡，一張又一張的永恆定格，到此一遊。到此一遊正因為深知未來不會重來，等官員走後，這一條寬敞的紅毯樓梯再也不會為她們開啟。

當勞檢員彎腰計算「逃生口」，當大老闆和官員坐在古董椅上大言不慚工廠的消防無死角，隔著一道牆，蘿絲、艾琳、瑪莉安在一點六米寬的樓梯間合影留念。她們大搖大擺地拾階而上，回首、展臂、擺姿態，兩人單手拱出心形，奢豪的宮廷背景襯托得笑容多麼美麗；她們踩在厚重的紅地毯上，華貴優雅，像是伸展台上閃亮自信的天王巨星。

每一步都好似踩在夢裡，她們輕盈旋身，沿著樓梯翩然跳起舞來了。

輯二

不孤單

祝福

小玉因工傷截去右手時，才十七歲。很多年很多年以後，她的左手使用年資早已超越原本慣用的右手了，提筆仍是歪斜彆扭，巍巍顫顫畫下一個剃光頭、戴橘亮大耳環、身穿透明衣裙的女人。畫中的女人目光如炬，直透畫布，僅存的左手高舉半截義肢，腳跨鐵鍊，下腹挺著兩個背書包的女兒，額頭綁上抗爭頭帶，腰間還宣誓性地寫上「不要流血」。

那個女人，殘缺的身體這樣強壯有力，血紅墨綠的眼睛及嘴角這樣強悍堅韌，看過的人都難以忘懷。

我在工傷協會認識小玉，至今也有二十多年了。她愛熱鬧、喜歡人群，總好似有千言萬語，可對話時多半欲言又止，進退維艱。她的生命裡有關社會網絡、人際往來的部分，似乎發展到十七歲就停滯了，就算內在仍躍躍欲試，想貼近、親密、友好，但外在總有幾分困頓、遲疑、無措，要對方把速度也放慢了才得以牽手緩行。但人們總是忙碌的，於是錯過的永遠比陪伴的多。

小玉來自貧窮的三芝農村家庭。國中畢業後，她認份地到工廠維持家計，同時發憤考上高職夜校，一心想在困窘的環境中，掙出略有餘裕的希望。十七歲，她進入人人欣羨的台塑關渡廠工讀，負責機器保養。那時景氣正好，生產紡織纖維的關渡廠例假日也常要加班，轟隆隆鎮日作響的大型紡織機輪流停機，讓保養課的工讀生一台台機器擦拭清潔、油壓保養。

「如果那時候，我和同學一起出去玩就好了。」事隔多年，小玉還是不無惋惜地這樣說。

那個秋天的週日，甫開學的新班級辦了郊遊烤肉，好讓同學們聯繫感情，她認真考慮——真的是猶豫了一下啊，她從來不放過任何加班機會，可是才剛開學，好不容易又可以讀書了，她確實也很想多交些朋友。但盤算加班和出遊一進一出間的經濟損失，她還是馴服地戴上手套、拿著浸了有機溶劑的擦布，上工了。

那個精紡機，之前早聽聞曾有數名女工的手掌被捲入了。

紡織廠的噪音遠較一般人想像的大，二十四小時不停歇的高速馬達啟動，在封閉廠房內回音折射互撞，交錯打轉的音頻難辨，像暴雨，此起彼落。工人之間要互通訊息都得近距離、手背弓成弧狀、扯著嗓門叫喊。那天就像平常一樣，正式保養前，為了減少停機停產的損失，工讀生會戴著手套，順著尚在運轉中的機器，先進行擦拭漏油、汙垢的清潔工作。都是例行工作啊，怎麼就是出事了呢？小玉的手套被滿布尖針的滾筒勾住了，立即像黏緊了般被狠狠拖曳往前，她驚惶向後拉扯，扯不斷已然捲入滾軸的手套，呼救的尖叫聲像暴雨中樹幹被摧毀的雜訊，很快就淹沒在更高分貝的噪音之中。

等到領班緊急停機，小玉的右腕已被整個捲進機台裡了。鮮血滲入齒輪，靜靜地滴落在水泥地上，很快被乾裂的積塵吸收，縮成一灘不起眼的褐色汙痕。

●

一個多月後，右手臂截至肘下的她，回到關渡廠繼續工作。彼時勞基法尚未實施，根本找不到法令依據要求雇主負起責任。而工讀生的納保薪資低，勞保的殘廢給付統共只領了八萬元，連製作義肢的錢都靠同事樂捐。

十七歲之後，小玉背負著汙痕般的舊痛，幾乎不再參加年輕人的郊遊聯誼了。「好可惜，一直沒有交到知心的朋友！」小玉說。很深的、不可挽回的遺憾。

小玉經常回到那個受傷的當下，如果時光重來，如果換了個選擇，如果這樣或那樣，也許生命會不一樣罷？她像貓咪舔舐自身毛髮糾結處，輕輕理、慢慢順，有時候就忘了旁邊還有人，逕自墜入平行宇宙。初識者不知道、也未必有興趣知道她的過往，彼此間對話失去交集，尷尬，無聊，默默散去。

現實的那條時間軸裡，十七歲的小玉失去了右手，最怕的是，會不會失去工作。截肢的傷口才拆了線，她立即返回工廠勞動，所有的委屈、害怕、忿懟都被「保工作」的需求給壓制下來。白天的時侯，關渡廠的管理機制步步逼人，部門間的績效競賽決定了占薪資很高比例的浮動獎金，她少了一隻手，勢必也確實是拉低了全組的效率，同事們嫌棄卻不忍說出口的表情，讓小玉自責、退縮、格格不入。晚上來到夜校，休學一年重返，那個後座的男生也許曾對她有好感吧？但她不敢回應，沒有聯誼與知交，自卑、消沉、獨來獨往。就這樣夜以繼日，年復一年。如今回想起來，示好的同學與同事並不少，但截肢少女眼前只有壓力與孤單，撲天蓋地。

台北地價狂飆時期，大老闆決定把偌大的關渡廠區賣出，土地增值的暴利，遠比紡織生產所得高上數百倍。工廠關了，工人失業了，缺了右手的小玉就此掉出勞動力市場。

多年來，小玉總盤算著再就業。她訂了《空中英語》雜誌，想進修，不了了之；她計畫著殘障特考，要補習，不了了之；有一陣子，她開始學化妝，加入美容產品的直銷行列，不了了之。她有時說好了要來參加活動，臨了又爽約嫌轉車麻煩，公車拉環太可怕。生命是這樣難以規劃，未來又是這樣混沌不明，小玉每每踟躕遲疑，說話不算話。

「還是當公務員比較好。」小玉說。她在每個打工的空檔都搬出殘障特考的講義，抽空讀，有點事在籌謀前進中，不是偷懶。她一考再考總是考不上，但這個方向似乎最正確，無懈可擊：「政府不會突然關門，老了有退休金可以拿。」

追問考試的準備狀況，她就笑：「哎喲，錄取率很低，我一定考不上啦。老是三心二意，東混西混。」

●

小玉曾有個交往兩年的男友，都論及婚嫁了，因對方家人反對而作罷。「他媽媽覺得我的手這樣子，沒辦法做家事。」多年後，小玉提及此事，還是覺得這個理由十分充分，也沒有怨恨。

一如很多肢障者，小玉成天在小手臂上套著義肢，肉色矽膠補足肘下的空缺。這類義肢又名為美觀手，不具備電子手或功能手的輔助作用，純粹只作為外表的障眼法，像是野戰部隊鋪上乾草的密道入口，不能太刻意裝扮，只求不引人注目。小玉個子不高，但左手的手指纖長、白皙，像鋼琴家，右邊的義肢因此顯得色澤略深、指長略短，微微內彎下垂的手勢是刻意定格的仿自然模樣，可也因著這麼刻意，看來更是用力、不放鬆。

不分四季，小玉習慣穿長袖襯衫，兩隻手長度一致，密道入口遮掩得宜，省得一再面對好奇追問、或相反地吞吐不敢直言的窺視。但就算是最廉價的美觀手也只能維持五年，顏色褪了、汗漬汙了、塑料年久發硬了，不免顯得欲蓋彌彰。歲月的速度在替代品上尤其明顯，代價是另一筆花費，像沒完沒了的整型。

小玉與大源是在義肢製造公司認識的，同樣是截去上肢的工傷者，彼此留了心，印象收存著。工傷協會籌組期間，兩個人又碰了面。大源騎著改裝後的摩托車，主動接送小玉一起去開會，一起到醫院拜訪傷友。她躲在大源粗壯的身後，逆風單手捉住他的衣角，在車後座搖搖欲墜，後來也就自然地環上他的腰，這樣安全、穩靠，共同前進。

工傷協會還沒正式成立，他們就結婚了。

大源十五歲就從苗栗遷移到台北鐵工廠當童工，服役後再回原廠任正職，不料沒多久就遭車床輾壓，截去左手。不完整的勞動力，原廠回收已是最好出路，至少穩定。大源戰戰兢兢做了二十幾年，如今算是老師傅了，薪水也慢慢調到三萬多，要養家，還要想著更沒條件的未來。那家中小型鐵工廠是家族企業，大老闆看著大源成長，目睹他在廠內受傷，對大源多少有些愧意與額外照顧。但現在已是第三代接手，大源在小老闆眼中不過是個沒太多附加價值、殘缺不好使的勞動力，隨時可以丟棄。

「不做這個，還能做什麼？二十幾年都賣給他了！」大源不多話，一說就是重點：「我們只有一份收入，不敢辭。」

兩個女兒相繼出世後，小玉和大源遷居到土城的一個老舊眷村裡，花了四十萬元把房子的使用權從一位老士官頂了下來。房子小，僅十餘坪，一廳兩房，廚房沿著後巷加蓋成長條狀。這一帶眷村緊臨發展快速的土城工業區，周遭大樓與新屋不少，跨越區域的主要道路綿長有序，生活機能也頗便利。倒是一轉入尚未改建的眷村，便好似掉入另一個陳舊時空。低矮的灰瓦屋，細長的巷弄，鐵窗木門，隔音極差，所有人都在家戶前廊堆放足以暴露來歷的雜物：少了前輪子的賣黑輪攤車、坐墊黏著黑灰色工業膠帶的幼兒三輪車、返鄉攜回但久置至風乾的玉米串，還有隨處堆積、鏘鎯磕碰的米酒空瓶，一瓶倒，三瓶立，破了半瓶削出利牙。

小玉在僅容一人回身的廚房裡忙進忙出，我只能挨在門口幫忙遞杯子、傳換抹布。她邊說話、邊煮飯、邊洗碗盤、邊泡牛奶，鏗鏗鏘鏘的鍋盤碰撞聲聽得人心驚肉跳。

一旁的大女兒蹦蹦跳跳：「哎喲，媽媽做事最會拖時間了！」

她則細聲像道歉似地告訴我，剛生完女兒時最怕洗澡時孩子著涼，單身擦毛巾拿衣服怎麼樣也快不起來……。很長一段時間，小玉沮喪、無助，右肢復健的同時還要掛精神科門診。人們都說這是「產後憂鬱症」，只有她心底知道，新生兒不過是勾動她工傷後壓抑下來的內在恐懼，怕自己沒有用，連工作都要靠老闆的好心。她惶惶然終於被無以勝任人母的巨大路障擋住前途，光想像攀爬的工程浩大，就令人腿軟無力。愈害怕愈做不好，受傷像是犯了錯，一輩子都要償還自我否定的債！這是工傷後續潛伏的痛，不知道要這麼久。

●

工傷協會成立後，我成為第一位全職的組織工作者，陪同小玉及其他人到醫院探視傷友，不定期拉布條上街頭抗爭。這個緊張的、總以為自己不合格的媽媽，才總算慢慢爬出深淵，匍匐前行。

「我最喜歡去醫院訪視傷友。」小玉說。

「見了面都說些什麼呢？」

「不知道。也沒什麼。」她想了想，理所當然地說：「但我想我少了一隻手都來探望他們了，可能對受傷的人會有一點安慰吧？」

「一定會的。」

「也許，」小玉說：「看到我，他們會覺得比較不孤單。」

個別的孤單，要放在集體行動中才找到承接的力量。有時候，小玉興致勃勃，主動約了其他工傷者要到醫院訪視，對助人與行動充滿熱情；有時候，她意興闌珊，坐困愁城，覺得薪水少、孩子小、夫妻有殘缺，未來無望。

兩個女兒都上小學後，小玉開始在學校裡輪值媽媽說故事。她奮力背了不少公主王子的篇章，但孩子們都好奇盯著她的美觀手，毫不掩飾地嘈雜猜測。真實人生的缺陷，遠比童話的完美還能激發想像力、創造力。孩子們還沒學會同情與憐憫的禮貌，直接又粗魯的注視與盤問，反而激起小玉的好強心，非長出能耐來馴服小獸們。

「我跟你說，你只要一直看著他的眼睛，他就會不好意思，就會安靜下來了。」小玉不無得意地說。失去的、一直想掩藏的右手，以其缺席成為不存在的焦點。孩子們興奮猜測背後的故事，被小狗吃了嗎？被車子撞了嗎？被爸爸打的嗎？她則回以勇敢直視的力量，震懾全場。

我找小玉到工會，擔任勞工安全教育的講師。她先是被動、羞怯、無精打采，看似半推半就，一上台卻直接舉起義肢：「你們看得出這是假的嗎？」一瞬間便奪取原本漫漶的群眾動力。

幾乎是出自本能，又或是說故事媽媽的訓練有素，小玉使用肢體的殘缺，轉化為勞教的亮點，她成功地吸引了聽眾的注意力，刺激想像力，台上台下互動熱烈。傳統的勞安教育從「加法」開始，教導穿安全鞋、戴安全帽、增加口罩和耳塞；但工傷者的現身說法，從「減法」入手，少了手少了腳少了支撐的脊椎，失去的結果來自安全防護的欠缺，來自降低成本以求更高獲利的市場邏輯。揭露欠缺，鏗鏘有力。

假日時，工傷協會邀集大家來作畫，跨越制式的技術門檻，回歸創作的本能，以繪圖及色彩自我表述。眾人作畫，東張西望，唯小玉下筆無滯，彷彿所有的構圖都在她心中操練過千萬遍了。她用左手畫下〈結婚典禮〉，新娘新郎相擁著各自露出一隻完整的手，巧妙地隱藏住彼此工傷截斷的臂膀，畫框處仿西式卡片的描邊放上飛舞的彩帶，而她與他分別失去的左右手被放大了，懸空置放，緊緊圍繞他們的婚禮，像要隔空牽起手來。畫面的右下角，是個被機器捲傷的少女，縮得那麼小，悲傷記憶像暗夜的夢，揮之不去。主畫面上方，開展著巨大的粉紅色禮結，收納擁抱，收納殘肢，也收納暗影，宛如一個無邊無際的祝福。

豐沛壯美的集體創作，不只是個別療癒，更期待與社會平等對話。我們決定辦工殤畫展、出版畫冊，十一位畫者共同策展，忙了一整個冬天。畫展開幕當天，初春的空氣已有暖意，小玉盛裝出席。她一身亮眼的嫩綠色洋裝，青灰色眼影，口紅、腮紅都是粉色系，還穿了綠色的高跟鞋，整個人是春天綻開。

「我要說話，」小玉遞來一張小學生習字本撕下、早已摺過數遍乃致有些起毛邊的講稿：「這是我昨天晚上寫的。」

現在，小玉的手稿就夾在左手食指與麥克風之間，但她根本沒看手稿一眼。

「我們在這裡當主人，歡迎你來看我們的畫。」她自信、亮眼，聲音恢宏有力：「我以前的老闆是台灣最有錢的人，有很多土地，蓋了很多工廠，但工廠裡像我一樣斷了手的女工也很多。我要說，斷手不是我的錯，是台灣的老闆們、大官們欠我們太多了！」

她戴了紅塑膠框的眼鏡，義肢不時輔助性地扶住麥克風，小玉就像她畫下的那個綁頭帶、著透明衣裙的女人一樣，強壯又美麗。我，以及我們，彷彿目睹了那個十七歲後默默長大而不被認可的工傷女戰士，在行動中長出獨特的力量。

無法忘記的那一天，我們到總統府抗議，指出不當的勞動政策是職災元凶。烈日當空，站在大布條後面的小玉，竟然當眾卸下義肢，高舉赤裸的、懸空的手肘，直視攝影機的鏡頭。那是我第一次看見小玉脫下美觀手的偽裝，肘下肌膚皺縮的痕跡，歷歷可數，而那些因悶汗與摩擦而生的紅腫，總算，總算可以放膽呼吸。

我的弟弟阿勇

情書

「大姐頭」是阿勇對我的專屬稱號。

阿勇塊頭大，身材壯碩，右上肢截斷到肩胛骨。他不戴義肢，平日裡單邊衣袖懸空晃蕩著，小孩子驚懼盯著空缺，他聳聳肩，臉上是靦腆的笑。當年兩萬兩千伏特的高壓電，燒得阿勇整個胸膛都成糾結灼痕，一路盤爬到下頦、領口，乍看之下更顯滄桑老氣，像個中年大叔。

工傷協會剛成立時，阿勇就來尋求法律諮詢，準備打職災求償官司。證據、資料多是阿勇的爸爸準備的，阿勇退縮回兒子的幼稚角色，發呆，沉默，傻笑，很多問題都由父母代答。他極少開口，開會時坐到牆角，心思在遠方。但他第一次見我，毫不遲疑就喊：「大姐頭！」跟著我忙進忙出，等待差遣，單臂騎著三輪摩托車，搖晃晃低速到巷口幫忙買文具用品。

我也就老實不客氣當起大姐頭，糾正他的穿著，教他用扭曲的左手學打字，盯著他鎮定劑漸次減量，邀他一起去醫院拜訪傷友，被他爽約後罵他孩子氣不負責任。很熟了以後，我才知道這個大叔模樣的男人，還真比我小兩歲。回頭算算，他發生工傷時也才退伍沒多久，年輕的妻、襁褓中的孩子、陌生的殘缺身體，一瞬間全成為生命中不可承受的重擔。不知道要如何扛起來，只能撒手不管，簡直是耍賴。截肢、植皮、補皮……零零總總的手術共開了三十幾次，止痛嗎啡打到幾近上癮，日後更飽受癲癇之苦，天天要吃鎮定劑，吃多了反應遲緩，吃少了又怕失控。幾年來進出醫院是常有的事。

陸陸續續，他向我提起離家出走的老婆。

「是我不好。」他說：「我自暴自棄，她辛苦了。」

說了幾年，阿勇開始自己動筆寫信，縮在我的辦公桌一角，埋頭用鉛筆寫在撕下的日曆紙背面。一連寫了好幾頁，粗大歪斜的筆跡，行文倒是流暢清晰，好似早已默默練習很多遍了，只待從腦子裡複印到紙上。我幫他打字，邊打邊念，他閉著眼睛聽，有時站起來，著急說：「不對不對，這裡要改一下。」、「啊我忘了說這個，她還不知道。」與其說是寫信，不如說是把自己的工傷歷程重述一遍，說給久違的老婆聽，像是怕她忘記。

娟：

你離家至今，兩年多了。我依然天天想你，現在過得好嗎？

年輕力壯時，老婆娶了，孩子也生了，人生至此似乎是一帆風順。然而，意外發生了。工廠派我到啤酒廠電機維修時，因為趕工而未申請斷電，就這麼一個小小的疏忽，兩萬兩千伏特的高壓電就奪去我的右手。送醫途中，因體內還有大量靜電，身上著火，一路燒到醫院。昏迷中，只知渾身燒痛，右手截肢截了三次，到完全清醒才知道，從肩胛骨以下整隻手不見了。醫療期間那種痛苦，生不如死，但最痛的還是殘廢了日後怎麼生存下去？年輕好勝的我，完全失去面對你的能力。

曾經自我了斷，不過上天還是客滿，閻王不欠人的時間，我又回到了冷酷無情的人間。面對現實的人生，路是那麼難走，殘又怎麼不廢，就好像破了車胎的汽車一樣，不動了。記得去找朋友要求之下有了工作，我只求重新自立，對工作條件一無所求，只要能賺錢就好，一天五百元守著機台，夜裡睡在工廠加蓋的閣樓上。沒多久，最殘酷的問題發生了，老闆因人手不足請了一個外勞，殘障的我又失業了。

失去工作，我更加不敢面對你。你幾次帶著小孩來找我，都被我硬趕了出去。還記得是母親節那晚，我把你氣走，心裡雖然捨不得，但如果不這樣，傷害更大。只因為你是我的最愛，與其兩個人痛苦，不如就我來承受！每天看著你的臉孔是多麼的無可奈何，而你面對無能又傷殘的老公，依然天真，更加重我的痛。把你娶進門，卻讓你照顧一個殘障無能的老公，無法給你幸福美滿的家庭，我的憤怒其實只是因為我氣我自己太為難你了。趕你走，心裡卻同時許願只要等日子好過，我一定要再找你回來，哪怕是下輩子。

日子一天天過了，無奈的我，也不成氣候的跟著一天天過了，小孩也長大了。血肉真好，活著真好，只要從活著的血肉裡抓出一點，就有光明有希望。做人多傻啊，只為一份傻想，奔走生、奔走死。但再怎麼用力，也改變不了事實，我的手永遠長不出來了。

現在，我已找到保全公司的工作，時間很長，但工作穩定，你大可放心。過去就都過去，就算有什麼難受，也請諒解我當時的無知。我已經離開父母的家，搬到桃園，不知你是否替我高興？告訴你是讓你知道我已安定、再度成長，也不再有無聊或莫名其妙的舉動。不要再躲我了。把不快樂和不如意丟掉，重新再出發，我希望能再站起來。

冬至早上回台北看兒子，最不能忍受就是假日的寂寞，吃了媽媽與姐姐煮的湯圓，又回桃園，代同事十二個鐘頭的班。生著病上班，心裡想的卻是曾愛過、恨過、如今思念不變的你。頭好痛，同事又叫著巡邏廠房，我茫然地走一圈，心裡只想著天氣這麼冷，你要照顧自己。

好想你，你是否還願意執著這份感情？回來，不會再讓你受委屈。我和銓銓期待你的佳音。

阿勇

傍晚的時侯，我捧著厚厚一疊日曆紙謄打。阿勇就坐在我身邊，不時出聲糾錯，最後慎重地在列印紙上用左手歪斜署名，並在標準信封上寫上娟的全名，等待寄出。

那一天，距離他受傷都已經五年了。

等待

阿勇工傷後好幾年沒個穩定工作。有一陣子，他在在舅舅的建設公司當差，離工傷協會很近，一有空檔就時常蹓躂過來。

「大姐頭。」他探頭進來，「我昨天遇見我老婆了。」

「在哪裡？」

「土城。她沒看見我。」他怔忡出神，笑了：「我嚇一跳。」

「想見她嗎？」

「你幫我打電話給她，邀她出來。」他下意識用扭曲的左手理理頭髮，「這幾年，我胖了很多。她沒什麼變。」

他和娟國中開始談戀愛，很高調，就怕別人不知道。讀高工時，他還特地到她就讀的商職校門口接她下課，女同學們都竊笑著羞她，娟也毫不迴避。才二十出頭，他當完兵回來，兩個人就結婚了。

「我那時很拚哦，一天工作十幾個鐘頭。」他難得話多，往事歷歷，如今說來不知道是得意還是悔恨：「老闆都誇我動作快又肯幹，加班從來不拒絕的。」

遭受高壓電擊那天是除夕，他還是趕去加班。阿勇說：「出門前還和老婆吵了一架，我氣她不會想，孩子都要生了，我總得多賺點回來啊。」

再見面，就是在醫院了。他悠悠醒自術後麻醉退去的痛楚，醫生拿來截肢同意書要夫妻兩人簽署。阿勇的腦子還麻麻的，無法意會，沒有聯想，不知道害怕，也不知道傷心，只看到娟掩面哭了起來。

後來，懸著空盪盪的右臂，他每每搭公車去醫院復健，最怕沒位置坐。司機一煞車，重心不穩的他好幾次真就跌倒了，一路滾到走道上，眼前全是站立的腳，單手撐地怎麼也爬不起來。坐捷運時，人擠人也是不行的，被貼身擠到的人，盯著他糾結裸露的傷疤，不自覺地側身、嫌惡閃躲。他也躲，粗大的身量藏都藏不住。巷子口的小孩子跟著他背後晃著袖子走，偷偷丟他石頭，一溜煙攀到牆頭作鬼臉。

阿勇躲回家發脾氣，甫出生的孩子高聲大哭，他也大叫，術後才出現的癲癇又發作，躺到地上痙攣吐沫。躺著，吃了鎮定劑就不想再起床，量愈吃愈大，一思考，頭就痛，行動遲緩了，腦子也不動了，昏睡終日。醒來，對整個世界發脾氣，身邊人全被波及至遍體遍鱗傷。他恨自己：廢人一個！一次又一次，老婆挨著他近距離胡亂掃射，最後也被罵出門，再沒有回來過。

「娟是被我逼走的，」阿勇常說，「是我自己不想拖累她。」

「她一直沒回來看孩子嗎？」

「沒有。之前聽說她在桃園做美髮。」

「這麼多年了，你一直沒去找她？」我扳起大姐頭的架勢，有點責怪他了。

「可是我還沒成功啊。」他無辜地說。

什麼又是成功呢？

這些年，阿勇在工傷協會認識了很多傷友，雙肢都截去的、坐輪椅的、癱瘓的，殘缺的生命自各找出路，有的很厲害，有的還在賴皮，進程不一樣，沒人在比較誰快誰慢。在集體中，還能行動的拉著沒法子動的人前進，似乎也比較不那麼失敗了。

「上次秋鬥遊行之後，很多朋友都在電視上看到我了，還有人特地打電話給我。不知道娟有沒有看見？」他想了想，又想了想，慢慢說：「我很想跟她說，遊行到勞委會丟雞蛋的那幾千顆雞蛋，還是我去幫大家一起訂的欸。」

工傷身分，居然還可以發揮改變社會的「犧牲打」作用，個人的挫折放在集體中看待，社會意義才豐富起來。阿勇重新長出一點力氣，積極參加擬定《職災勞工保護法》的討論，騎了改裝的三輪摩托車，來來去去把自己找回來。也就是在那段時間，他寫下給娟的情書。

娟假日返回娘家，收了信，依照信封上的寄件資料打了通電話給我。她的聲音比想像中柔細，但語氣平靜：「我現在生活很穩定。不會再回去了。他如果狀況好一點，就簽字離婚吧。」五年前，她選擇走開，就不打算回頭。

「大姐頭，她放棄我了……」老婆離家多年，阿勇似乎到這時候，才真正面對斷裂的痛苦。他像是要哭了，把眼鏡架上鼻子又拿下來，看不清楚似地用力眨著眼睛：「我當時生病了。我對大家生氣，我和所有人作對，我不好。可是，她怎麼就真的丟下我了呢？」

「她那時也還好年輕，也不知道可以怎麼樣吧……。」

「可是我可以怎麼做呢？如果那時候我不發脾氣，就只能承認自己很差、很沒用。」他神情黯淡。

「阿勇，你恨過她嗎？」

「嗯……是我不好。」

「不怨她？」

他的眼淚終於流了下來：「我們從小一起長大，她怎麼就不等我一下？」

愛情

高壓電擊截去右肢的阿勇，多年來，在這個對「不完整的勞動力」極度不友善的就業市場，四處受挫、碰壁，鎮定劑一直沒斷過。離家出走的老婆確定不回頭後，好一陣子沒再看見他。我打電話到他家裡，勇媽媽唉聲嘆氣，說也沒了他的音訊，很擔心，不知他還吃不吃癲癇的藥，怕哪天發病倒在路上沒人送醫……

春天的時候，阿勇突然來電，劈頭去尾就問：「大姐頭，女生會比較喜歡什麼禮物？」

三天後他就出現了。神采飛揚，給了我一條口紅、一個亮彩粉撲盒，說是出國買回來的禮物。他拉我到諮詢室，後背包裡摸出一條紅舊的方巾，裡面是舊舊的金手鍊、項環、戒指，花樣色澤都有相當年份了。

「我去越南買的，」他不看我，眼睛盯著桌角，半晌，自顧自地笑了起來：「給女朋友的禮物。」

「你有女朋友了？」我大喜，按捺著不追問這批金飾的來源。

「哎，就和阿賢他們去喝酒認識的嘛，很漂亮喔。」他下意識摸摸自己灼傷糾結的下頦。

「要付錢的嗎？」我知道阿賢他們偶爾會去阿公店，有幾位相熟的小姐。

「阿芬都約我出來，在外面就不必再多出酒錢了。」

「啊。恭喜你。」

我知道很多酒店小姐的情深義重，阿勇沒錢、殘障、不擅言辭，怎麼樣都不是有利可圖的對象。這個阿芬，似乎是個能聽他說話，耐心陪伴他的人。江湖男女，相濡以沫。

「大姐頭，阿芬也想見你哦。我跟她提過你，她說可以約你一起去她家。」

當天晚上我要去社大講課，順路載了阿勇到三重約會，可惜沒來得及見到阿芬。過兩天，勇媽媽聊天時念念叨叨說起過年前回外婆家，阿勇竟把八十歲外婆壓箱底的金飾全偷走了。

「啊，他說是越南買回來的……」我小聲喊起來。

「他從來沒出過國，根本是偷外婆的，又不肯承認。雖然不值什麼錢，但那是阿婆的寶貝，實在不應該說拿就拿……」勇媽媽又氣又急，一如過往阿勇又闖了大大小小的禍。

沒多久，阿勇來借錢了。

「我要十萬元。很急。」

「做什麼？」

「阿芬爸爸病了，急著用錢。一個月就可以還你。」

不會吧，我暗暗叫苦，通俗連續劇裡以色騙財的故事，這麼快就現出原形嗎？擔心刺傷阿勇，也擔心誤會了阿芬，我遲疑地說：

「有健保，為什麼要急著借？我和她談談好不好？」

阿勇下午再來電，說是問題解決了，阿芬也不急了。我仍是如墜迷霧，隱約猜到阿勇必然是另尋管道弄了錢，但他矢口否認。

那陣子，阿勇整個人氣色好極了，精神飽滿，鎮定劑大幅減量。他每天窩在協會打行動電話，出門時笑容盈面，主動要大家幫他留意工作機會，蓄勢待發。我們都感染了春意，不知要憂要喜，問什麼都顛三倒四，真假莫辨。

一回他不在，我代接電話，手機那頭傳來阿芬爽朗的聲音：「大姐頭，你跟阿勇說，沒錢就別一直來，我會找他。」她笑著又說：「大哥大也不要一直打，電話費很貴欸。」

南部口音，說話既是樸素真誠，又是世故老練，兩者巧妙結合，一點也不衝突。雖然阿芬語氣中的客氣，透露出兩個人的關係並不真是「女朋友」，但阿芬的爽快老練確實令我放心許多。不管是饋贈，還是欺騙，我想我和阿芬所擔憂的，都是阿勇走過頭、做太多了。

「大姐頭，等官司結束了，我想結婚。」阿勇說。

「和阿芬？」

「嗯，她很好。我想官司如果贏了，至少有幾百萬，就可以給她過好日子了。」

我知道他的官司纏訟多年，才進入二審，依照經驗，離定讞還有一段時間。

「官司如果贏了，你想拿來做什麼？」

「捐一些給工傷協會，一些給義務律師，一些給爸媽養老，一些給小孩子讀書基金，我自己想開一間麵店。」

「嚇，錢真好用啊，什麼都包了。」我笑問：「可是現在不景氣欸，你還開店？」

「阿芬說她想開店，她很會煮麵。」

我約略拼湊出阿芬是一名善待阿勇的酒店小姐，我知道他們之間其實並沒有太多親密接觸，阿芬甚至不希望他太常去消費怕他賒帳出問題，但阿勇的腦袋裡已不斷編織結婚的想像了，並想盡辦法饋贈她，成為更好的自己。這是阿勇工傷後，第一次認真規劃自己的人生，有點不切實際，可我不忍說破。

啊，愛情！

謊言

談戀愛後，阿勇開始積極找工作。他天天來工傷協會看求職廣告，還買了件雪白襯衫，外加幾款花色風格迥異的領帶，高高低低懸掛在協會浴廁裡，每次出門應徵回來，就很認份地自己洗淨晾乾。

身心障礙者在就業市場的挫折與限制，是很殘酷的。但阿勇都頂了下來，一試再試不氣餒。下個月，他要開始正式上班了，擔任租屋售屋的推銷員。

「這一定要靠業績的。不景氣，你又不懂房地產。」我忍不住潑他冷水。

「老闆說有底薪，跟著學就好。」他躍躍欲試，還不讓我們陪同去看看。

上班第四天，勇媽媽來電，氣急敗壞：「阿勇把我存摺裡十幾萬都提光了。」

阿勇說了個離奇的故事：為了某個款項尚入未帳，老闆向他調借六千元周轉，並陪同他到提款機領錢，隨後趁他上廁所時把存款內剩餘的十四萬全提領走了……。

我問了大半天，兜不攏一個邏輯說得通的事實。阿勇的表情認真，但話語破綻百出，善心的老闆忽地成了黑道大哥，公司不能再去了，家裡住址也得瞞著，否則黑道會對父母不利！阿勇為了保護老爸老媽，現正私下運作再借一筆錢徹底斬斷糾葛……。

「大姐頭，我只能信任你了。這幾天，誰來找都說我不在……不不不，我沒說謊，你要相信我。」

謎團愈問愈糊塗，線索纏繞全打了死結。我相信阿勇嗎？我知道他年少受傷以來，癲癇發作，精神受挫，長期吃藥控制，有時也會出現幻覺，與現實嚴重脫節。

他自暴自棄，任性停止長大，把老婆罵跑了，孩子丟給老母親養，官司全靠老父張羅，他則東混西混頻出狀況。我知道他緊張時就囁嚅不吭聲宛如自閉；我知道他總是健忘答允了又無故缺席；我知道他混吃鎮定止痛劑有時會昏睡終日……可是他從來不對我說謊。

除非，除非他自己也信以為真。

協會的修法基金帳本及印章，不見了。一早進門，翻箱倒櫃的痕跡清楚可見，這個賊，四處留下線索！我們找到好幾張蓋了大小章的銀行提款單，歪斜的字體寫著四十七萬。我倒抽一口氣：是阿勇的字！四十七萬是帳戶內的全部金額，是大家，包括阿勇，多年來辛苦為職災勞工保護法立法行動所籌募的基金。

對我們這樣一個存款永遠只能再支撐三個月的民間團體，四十七萬是好大一筆錢。不一會，阿勇若無其事地來了，若無其事地說不是他。協會是他第二個家，唯一自在的去處，他怎麼可能？

銀行調出昨日的監視錄影帶，櫃檯小姐說：「斷一隻手的男人，很好認。」螢幕上的他，甚至穿了雪白顯眼的襯衫，右袖空盪盪晃來晃去。

阿勇姐姐和我徹夜深談：「我看，讓阿勇去坐牢吧。協會的錢我爸媽會想辦法還。關於刑責，就讓他吃點苦頭吧。」

勇媽媽當然是不忍心的，說起阿勇去年到姐夫的修車廠工作，每天晃來晃去不好好學技術，以後怎麼好再拜託人？他拉過保險，全部親戚都當了他的業績，最後還是做不下去；他當過保全，被捉到夜間打瞌睡就被解僱了……最後，勇媽媽說：「你看看，協會可以不告他嗎？留了案底，又是殘障，以後要找工作更難了。」

阿勇爸爸緊急籌了錢來還，但已在警局報案的公訴罪撤不回，勇爸爸在律師的建議下出具醫生證明，證明兒子服藥過度、精神錯亂了。

錯亂。偷錢的阿勇，談戀愛的阿勇，找不到工作的阿勇，錯亂了。我一直在想，我們還能做什麼？工傷協會在職災法律上，提供協助與陪同；在工傷者的網絡上，提供一個平台互相扶持，共同找出路；在社會對話，提供一個集體發聲的可能性。但阿勇的挫折與逃避，阿勇的感情與迷惘，終究還是要自己負起責任扛起來。他的身體殘了，精神耗弱了，長期吃藥磨損他的心智，被就業市場淘汰，職災官司打了九年還在纏訟中。他的現實全被亂線畫過，世事如麻。阿勇開始戀愛，開始說謊，開始進入另一個使他放心、對自己滿意的虛構世界。在那裡，他對抗黑道大哥、保護家人；在那裡，他豪氣地把錢饋贈給心愛的女人，他在謊言中建立了生存的價值與意義。

挫折與痛苦都有脈絡可尋，愈往源頭找愈沒人負責，但後果全丟給最弱勢的人承擔。錯亂的真的只有阿勇嗎？

過關

阿勇職災後第十年，被送入精神病院，原本標示「中度肢障」的殘障手冊，換了全新的「重度／多重障別，肢障及精障」。

好長一段時間，他住院治療，連電話都沒法子說。一年半後，他出了院，固定每天去參加心理復健課程，下午在醫院附設的飲食部輪班賣粽子。

「再來有什麼打算？」

「把這幾個療程作完吧。醫生說不吃藥的話可能又會惡化。當初電擊的時候，這裡，」他抬起左手拍了拍後腦勺，「很裡面，留下一團血塊，影響多巴胺的分泌。」

「所以，這是工傷後遺症？」

「嗯，多巴胺被血塊阻斷了，行為有時就會不受控制。」他說得條理分明。

「高壓電擊後，你常出現癲癇，也和這個有關吧？」

「對啊。」他嘆了一口氣。

怎麼能不嘆氣呢？身體的、精神的拖磨，都不是截肢復健出院就完結的。在工傷協會，我腦中閃過這個人那個人，失去雙手怕拖累妻兒離家要自殺的，顏面灼傷後不敢見人導致重度憂鬱症的，坐輪椅的男孩亂編回憶嗑藥至錯亂的……遠的近的找出路的無能為力的，都是真實存在、真實受苦，卻在職災數據上、法院判例上隱形。

從勞保的職災殘廢給付上，官方每年可以計算因工傷截去多少肢體、器官，但我們無法換算各式精神上的後遺症，無法換算整個家庭付出的代價，無法換算一個不友善的社會環境如何繼續惡化傷口。

協會搬家的入厝典禮，我一早開車去接阿勇。

「大姐頭，我現在每天都自己搭公車去醫院欸。」他邀功似地說。

「你的三輪車呢？」我記得他那輛破機車，排氣管破舊不堪，老遠就聽見他驚天動地來了。其他截去單臂的會員，多半在機車把手處加裝不鏽鋼環套，以固定缺損的手臂也有使力點，讓另一隻完整的手來掌握方向。但阿勇當年截肢的右臂一再感染，最後直削到肩胛骨，完全沒有支撐點，代步的機車只好大費周章地改成三輪車。

「早報廢了。在台北街頭，三輪車騎不快，真的好危險。」

「你搭公車還怕不怕？」我記得他搭公車曾遇到緊急煞車，一路從車廂尾滾到司機旁，也記得他單手握不穩公車掛環，撞到旁人還要逼自己避開那些嫌惡的眼神。當然還有更多他沒說的。

「不會了。」他再想想，改口了：「嗯，還是有一點點。」

「怕什麼？」

「怕被看出來。」

「看出來肢障還是精障？」我拿起他的殘障手冊，敲敲他的頭。

「嘿，我在協會看了這麼多，斷一隻手根本就不算什麼了。」他作勢揮動左手，放低音量說：「我是怕，怕別人知道我有精神障礙。」

一重關卡後又有一重，步步險關步步難。

下班後順道繞到阿勇家，他的房間像個倉庫，兒子的玩具堆了一地，還兼放家中的雜物。我笑他：「這裡只有床鋪是你的哦。」

「兒子現在和我很要好，晚上都會和我玩過了才去睡。」他悄聲說，掩不住得意。兒子出生不久他就工傷了，十數年來，挫折不斷的阿勇自顧不暇，沒能力也沒條件關照兒子的成長。想不到一場長期的精障治療，倒穩定了他們的父子關係。

阿勇在精神病院治療期間，心情慢慢穩定下來，還交了個女友，是同院的病友。她的老公外遇，連續性家暴，她被逼得失了神智，拿刀殺夫又自殺，幸好沒人死，她住進精神病院半年，和阿勇相知相惜。現在呢？出院後各有各的現實難題，只能各自求生存了。

阿勇找出幾張身心障礙者運動大會的獎狀，「我現在可是醫院的模範生哦，恢復得最穩定。」他說：「我想，工傷截肢那關，我都過得了，現在我也要撐到血塊慢慢鬆掉，學會控制自己。」

「真的，認識你十幾年，現在是我見過你最好的時候。」我誠心說。

「以後出社會，還有新的難關要過，需要很多人的幫忙。」他直視我的眼睛：「爸爸叫我謝謝你。」

「你怎麼變得這麼有禮貌啊？我們不太熟嗎？」我再敲他一記。

「醫生說的，我們要常說請謝謝對不起，別人才會接納我們。」他一板一眼說完，自己也笑了，再加一句：「真的，大姐頭，我最謝謝你。」

我害羞起來，蒙著臉大叫：「哎喲，你神經病啊。」

阿勇又笑了：「我本來就是啊。」

時間沒有了

除夕夜，跨年炮竹聲中我的手機漏接了兩通電話，來自越南。

越南也在過舊曆年，近千年的華化影響，人民共享傳統節慶與習俗。大概是互相祝賀的客套話，不急著回。大年初一清晨，手機鈴響又是同一支來電，遠方傳來斯文客氣的聲音：「姐姐，恭喜發財！」

「阿宣！」我有些意外：「你不是三月才約滿嗎？為什麼現在就回越南了？」

「老闆說我快要離職了，過年放假很多天，他不高興。」阿宣慢慢地挑準確的中文字眼說：「我說我提早回越南好了，不放假。」

「怎麼不打電話和我討論一下呢？」我想著他提早解約，老闆省下年假薪資也省了開工紅包，不知道阿宣還退讓了什麼：「機票是老闆出錢嗎？」

「我要他買機票，我才走。」阿宣的口氣倒像是在安慰我：「我過年回家沒有給爸爸媽媽包紅包，但是，他們都很高興。」

阿宣剛住進移工庇護中心時，大家紛紛耳語著：來了個日系美型男！挑染麥黃色的瀏海、窄管牛仔褲、黑底七彩流行款的氣墊鞋、短版的運動外套，他的穿著打扮時尚醒目，但在人群中倒是不多話，一笑就臉紅。耶誕晚會時，台籍志工們都以為阿宣是來幫忙的大學生。

行李箱裡，阿宣掏出一張越南偶像歌手的演唱會實錄，勁歌熱舞巨星般汗濕了幾綹挑染的金髮，聚光燈之外是如癡如醉的青少年尖呼聲。這是全球統一的流行文化符號，阿宣一身打扮的仿製源頭。他看過台灣偶像劇《流星花園》，也看過韓劇《冬季戀歌》，知道F4的仔仔曾經到河內宣傳，但好可惜他沒能擠進現場。他愛唱歌，學生時代也曾組團上台表演，手機裡有當年學生樂團在畢業典禮的演出，他是吉他手，也是主唱。

「我們很受歡迎。」阿宣說起來有點害羞有點得意。

但這個舞台夢想沒有條件延續。穿著偶像劇流行服飾的阿宣，帶著他的挑染小麥色瀏海，飛越千里來到台灣中壢工業區。在工廠裡，因為機器老舊、噪音超標，所有的工人都戴著耳塞上工，聽不見彼此的聲音。

一九八六年，越南推動Đổi mới（越南語的「改革開放政策」）。阿宣出生時，越南已然是市場經濟的年代，舊的集體農村崩解，新的自由交易進駐。二十年後，越南正式加入WTO，外資大量湧入，銀行勇於貸款，農地鬆綁成為建地，工資雖仍普遍低廉，但政府的公共支出已然逐年減少。阿宣的父母原本在國營企業工作，隨著私有化浪潮大肆拍岸，國營企業應聲解體，原本的鐵飯碗一夕間化為烏有。正值盛年的他們，五十歲就失業了，子女尚在就學中，只能在都市邊緣打工，全家生活岌岌可危。等到阿宣從三年制的專校觀光科畢業，那年的全國通膨率又創新高，薪水永遠不夠用。

「我是老大，弟弟還在念書，我出國可以賺錢，」阿宣說起中文，字字斟酌、精簡：「這樣，生活有幸福。」

海外工作，承載著全家人的願望，只是需要支付的代價也不小。

「什麼？七千美金！」初知道阿宣的仲介費時，即便是身經百戰的我也不免吃驚：這麼貴！折合二十幾萬台幣，比起其他國家都貴。

「是七千三百美金。」阿宣無奈地糾正。這是家中老屋抵押給銀行，再向親友借貸湊來的鉅款，預支未來的幸福。

根據研究統計，越南移工平均來台的前一年四個月工資都在清還仲介費，其中還包括了那些日夜加班的。但阿宣只做了三個多月，就因為仲介的疏忽逾期未辦理入國通報，導致該工廠喪失聘僱許可，同批進廠的六個越南工人都被迫失業，等待轉出。

「我們比較倒楣。」阿宣說。分明是仲介的錯，代價卻由他們來償還。

偏偏倒楣的還不只於此。不到兩個月，阿宣就被一家小型鐵工廠承接了。重新開始工作，他傳來熱力四射的貼圖，搖滾歌手在聚光燈下就要登場了。不料才沒幾個月，地方政府查出，這家工廠承接移工人數超過官方准許的配額，阿宣又再度被迫轉出。這是急速開放3K產業直接引進移工的亂象之一，大批申請移工的書面資料湧入勞委會（後改制為勞動部），其中不乏本勞人數灌水造假，為的是擴大勞工總數以增加移工配額。等到移工足額引進或承接後，官方抽查出工廠資料有誤，取消超額聘用的資格，惡果就由移工失業來承擔。阿宣及同事們好不容易才轉換雇主，重新工作，卻是轉眼間又失了業。這簡直像是政府鋪路讓移工來台跳火坑，一個又一個。

●

毫無選擇的，阿宣又回到庇護中心等待轉出。

為了全家的幸福，他出國打工，但來待工的時間遠比上工多。庇護安置不過是提供暫時吃住，無業無薪無聊的壓力，沉重扛在每一個待轉的移工肩頭，拖一日沉一寸。阿宣打電話回家，不敢說失業，但沒薪水寄回家總要有個理由，他於是說工廠整修員工休長假，正好四處觀光到處玩，還去了台北 101 和中正紀念堂，跨年煙火好熱鬧。

漫長等待與空轉，生命的巨大耗損。

「如果現在回去，會被笑。人家會說，你為什麼沒做完就回來了？是不是你工作有什麼問題？是不是太懶惰？」阿宣說。

「若是工作受傷了，缺手斷腳回去呢？」我想到幾名傷殘移工，無以挽回的磨損。

「人家會可憐你，不會笑。」阿宣垂下眼睛：「我想，心裡還是會笑吧，沒賺到錢，而且，時間沒有了。」

這是遷移的暗面：辛苦不能說，被騙不能說，鄰里都等著看你衣錦還鄉，血本無歸的多數人只能自動隱形噤聲。連帶效應是，原本預計拚三年的，不管有沒有賺到錢，都會再拚三年，可能的話，再三年。有的是小賺了想再積累，更多的是小賠了想再回本，沒條件再賭一把的，就是傷病與猝死。阿宣的手機裡有家鄉女友的相片，分隔兩地後漸行漸遠，原本的熱線承諾最終只餘失聯空號。這是遷移的風險與代價，他知道，沒有怨言。唯有風光把債務還清，有條件為家裡蓋了新房、開了小店，所有的屈辱、艱辛、孤單與忍耐，才是值得的。這是離鄉背井的動力與壓力，如影隨形。

假日的台北街頭，阿宣總盼望著能遇上偶像劇明星，久了才知道那根本是另一個世界的人，不曾在現實生活裡現身。他努力學習中文，說得破碎緩慢，但讀與寫都很勤快。工廠裡的台灣工人曾將兒子用過的國語課本轉送阿宣，一連四冊從小一上到小二下學期，嶄新乾淨像沒用過一樣。阿宣下班後自修自習，每天練字，竟也讀寫倒背如流，只是有些字義不明。

例如，太陽公公出來了。「公公是什麼？」阿宣問。

又例如，我們全家人去爬山。「爬是走路的意思嗎？」阿宣又問。

還有，天上的雲一朵朵，地上的花一朵朵，海上的浪一朵朵，每個字都懂了，但「『朵』是什麼意思？」阿宣還是問。

庇護中心每個工作人員都成為阿宣的家教。他發憤問，努力學，認真上庇護中心的中文課，下課後常常練寫到半夜，還自行找報紙模擬練字，寫完五頁就找我打分數。小學生習字本上，滿滿都是中文造句。一行又一行的複雜字型，倒像是刻意挑來練功似的：「謝謝您，我是瑪麗。」、「對不起，我不會再犯錯了。」、「承蒙您多費心。」不知道阿宣從哪裡找來的範本，雖不實用，但他的筆畫整齊，橫豎撇捺都清晰，贏得我毫無保留的讚美。

●

阿宣轉到麵包廠工作後，許久再無訊息。沒消息就是好消息，我這樣想。

直到阿宣郵寄手寫的申訴信來，中越文夾雜：「在這裡工作只有台灣人可以休息，我們除了吃飯其他都是工作時間。午餐有時候三點四點才吃，晚餐十一點吃。他們不准我們說越南話。他們不准我們出去。我領薪水時看到我被扣錢，可是不知道是扣什麼錢。有時候我在睡覺，主管叫我去打掃。我在工作的時候，被組長又罵又用手打我的頭和手……如果繼續在這個公司做下去，我想我會生病而亡。」

「生病而亡」是中文，字跡齊整大方。

經過數次勞資爭議的磨練，阿宣現在謹慎聰明多了。他蒐集薪資單、打卡紀錄，以手機拍照、錄音，證據準備齊全後，才正式向地方政府申請調解，向資方索取積欠的加班費。

已經是第三次了，阿宣回鍋庇護中心，等待轉換雇主。七千三百美金的仲介費，還沒還清。依照《就業服務法》規定，移工來台無法自由轉換雇主，除非有不可歸責於移工的事由，例如工廠關了、雇主違法了、被照顧者死亡等。阿宣已經換了四個工作了，每一次都不是自願的，都逼不得已。新的勞動環境，新的薪資單，加班費又一次計算不足。阿宣仔細盤算，追討加班費勢必打壞勞雇關係，廠內也沒有其他移工可以結盟，若要到加班費但再度轉換雇主，又是無謂的等待與耗損。怎麼算都對工人不划算，唯有忍氣吞聲工作至約滿，至少可以還清仲介費，回家時不必負債。

時間沒有了沒關係，阿宣說，我還年輕。

●

從阿宣離家至今，竟也將近四年了。一般移工來台，最長只有兩年約滿，再展延一年，總計三年的居留期限。不過阿宣是個例外，因為多次庇護待轉，一再展延轉換時限，前後加起來竟比其他移工多待了整整一年，徒耗青春而無實質收入。一直到去年底，他總算還完仲介費，趕在過年前提前解約，終於返鄉了。

如今的阿宣，既無負債，也無積蓄，來台多年的操勞奔波竟像是做了一場白工，一無所有返回原鄉。生活的幸福，遙不可及。

「你會再來台灣嗎？」聽著千里外阿宣家裡傳來的鞭炮聲，我大聲問。

「不會了。」阿宣哈哈大笑：「弟弟今年畢業，換他出國賺錢。」

「未來，你還想去別的國家工作嗎？」

「韓國！」阿宣的聲音滿懷希望：「我想去看雪。」

時間的聲音，滴滴答答落在雪地上。

小芳未成年

「阿姨，我懷孕了。」

「你有什麼打算嗎？」我心底快速盤算小芳的年紀，哎呀！未滿十六歲。

「爸爸叫我問你怎麼辦？」

什麼？我把驚訝吞回去，不動聲色。至少，爸爸已經知道了，也好，我不必扮演那個通風報信、處理家庭糾紛的人。

「爸爸要我把孩子送給教會，他們會到國外找養父母。」小芳在電話那頭娓娓道來，彷彿我們失去聯絡的一年並不存在：「我不知道他們是不是騙人的，要帶身分證啊什麼的，還要本人去。可是爸爸要作生意沒空帶我去辦……」

「所以？」

「我只是小孩子，一個人去，爸爸怕我被騙，想找你陪我走一趟。」

唉，你也知道你還只是小孩子啊。我把嘆息也吞回去。

●

認識小芳時，她才十三歲。國一寒假，小芳和同學一起到餐廳打工，年齡未及童工標準，但鄉下地方不講究，湊合著以最低工資計算時薪。小芳像中了獎般開心，夢想著自立自強，夢想著離家，夢想著過年期間還可以包紅包給大人。

才不到一個月就出事了。我與工傷協會的工作伙伴國楨一起去醫院看小芳，她的頭髮在開刀時剃光了，襯得一雙濃眉更是俐落顯眼，漂亮的雙眼皮長著捲翹的濃密睫毛，粉嫩的臉頰一直到嘴唇以下就變了樣，爬滿疤痕。小芳手上的酒精瓶爆炸，她嚇得後摔斷了兩顆門牙，火從胸部一路延燒到整個下頦，又紅又腫的燒燙傷，猙獰糾結成條狀、塊狀，像長了兩個下巴。

「好痛啊！」她說，怕羞地把被子拉到頸口。

她爸爸認真詢問了國楨有關職災補償、賠償、保險的問題，憂心忡忡：「老闆說是小芳自己的錯，不太願意賠。她年紀太小又沒有加入勞保，女孩子臉破相了以後怎麼辦……」

後來，我和小芳爸爸一起去那間海產餐廳談判。餐廳就位於大街轉角，醒目又氣派，三層樓高的紅漆中國式裝潢，天花板垂吊宮廷燈，上上下下約有十幾桌，在八堵區算是辨識度很高的高檔餐館了。兩個國一小女生結伴來當洗碗工，才上工沒幾天，遇到假日生意好，洗碗工也就被臨時調派出來端盤子了。

送菜其實是有學問的，置身冷氣房的服務業，泰半隱藏著意想不到的危險。在工傷協會裡，我就見過女大學生在咖啡館打工，客人滿場時，一個端盤就擠了五、六杯熱飲高舉著在有限的走道間搶路走，最後被咖啡燙燒手臂、大腿，一路流淌的疤痕。餐廳作業流程，更複雜細瑣了，但也因著上菜、洗碗都是太家常的事務，沒什麼職前訓練、安全警示，兩個小女生手忙腳亂急就章上場，莫怪要出事。

誰沒吃過清蒸魚呢？台式海產店都流行在蒸盤下加個酒精燈，用小火慢慢熅，全程都吃得到滾燙熱食。用餐時送菜送毛巾送茶送飲料，來來去去一桌又一桌，輪到那桌的清蒸魚，酒精燈裡內燃不足了，客人忙叫女侍來添加酒精。店裡人手不足，經理便順手塞了瓶酒精補充包，要小芳送去三號桌：「去加酒精！快去！」以免熄了火，掃興又怠慢。

小芳急乎乎拎了酒精趕過去，先將蒸魚盤細心移開，酒精瓶的蓋子一打開，微小的火苗還點著，新的酒精液就往裡倒……轟！大火直接竄上小芳年輕的胸、頰、臉。打翻的酒精一路甩落在她穿著短褲的大腿上。

●

國一寒假出的事，小芳在醫院住了一個多月，連過年也要補皮、植皮，開學半個多月後才回學校上國一下的課。之後斷斷續續的回診時間，她看完醫生便繞到協會來打混，有時候，不回診她也請了病假來。

「功課跟不太上……」她一進門就先脫外套，說話的同時，忍不住又把毛衣也脫了，胸前的去疤矽膠悶得不得了，唯有到放心自在的地方，才敢大膽除去外衣。小芳零零碎碎地抱怨：「班上還沒有很熟的朋友，可是大家都知道我的事，隔壁班的下課也會跑來偷看。我都知道，很害羞，下課都不想出去了。」

新生的燙傷疤痕，粗粗紅紅地爬在她年輕的下巴、稚氣未脫的臉龐，看來更是觸目驚心。更別說，還有遮掩在冬天制服下的更嚴重的胸口、大腿傷疤。而我也深深記得，我在十幾歲時是多麼在意別人的眼光，又是多麼無法說出自己的彆扭與羞怯。

「老師很好，叫大家不要給我壓力，不要亂問。」她用手背拍打發癢的傷疤：

「大家都不問，我就更不敢說。覺得很孤單，沒有朋友。」

小芳年幼時，父母就離了婚，她與姐姐都跟著爸爸。幾年後，爸爸再婚又生了個弟弟，和新媽媽一起開了個海產店。在台灣的自營作業者，最是打拚、自我剝削得厲害，小芳家中有上了年紀的奶奶、三個就學中的孩子，爸爸的海產店幾乎全年無休。小芳受傷後，一如所有的勞動家庭，一旦家中出了事，父母只能耗更多的力氣掙錢，填補意外帶來的生計漏洞。爸爸不是沒看過電視上對「親子教育」的諸多說法，但溝通、包容、學習、陪伴、成長都需要條件，新時代的父母該有的樣貌，看起來彷彿是另一個世界的人，他似乎總也不合格。而這個不合格的證據，就是小芳危危欲墜的課業。莫非是單親爸爸管教無方？後母不夠照顧？這於是讓他更焦慮、暴躁，和小芳完全無能對話。

工傷協會把幾個打工受傷致殘的青少年找來互相認識、聊天。被沖床截去右手的阿凱，傷後悶了整整三年不交朋友，直到高中快畢業了才懂得自我調侃，主動把不分夏冬一逕深陷口袋的斷肢伸出來。右手指被製陶機器捲入扭曲變形的仁志，原本畫一手好圖，出院後卻顫抖得不能再作設計，只得花更大的力氣學電腦，拚了命考第一名，以彌補再也回不來的巧手與自尊。小芳年紀最小，臉上的傷疤仍在，但紅腫消退了些，看來不再那麼刺目，她的頭髮留長了，刻意垂散著蓋住下頦。

有同樣打工的經驗，同樣受傷受痛的滋味，同樣被不平等的勞資爭議踩過，以及同樣的孤單、委屈、不被了解，他們的話題與心意很自然就互相銜接上了。職場、學校、家庭、同儕，連帶產生的劇烈變化，也常有起伏不定的反抗、逃避、偽裝。退縮向後的，拚命往前的，都是年輕的他們在摸索新的生存方式，試著和自己重新相處。這個過程，總也沒法子一下子到位，必然是進進退退、猶疑不定。而愈是親近的家人，愈是被直接掃到傷痕累累，衝突與張力，經年累月。

仁志很拚命，用盡全力彌補失去的，為了不讓父母操心，內在情緒被壓抑得毫無喘息。阿凱不知道還能努力什麼，既孤單，又徬徨，家人的關愛光是要逃都來不及了，哪裡顧得到未可知的人生。

小芳認真聽，認真回應，最後說：「哎唷，和你們比起來，我還好嘛。」說著，自己也笑了起來。

●

國二，重新分班。表面上是常態分班，但成績一落千丈的小芳自然是被編到了後段班去。這反而是個轉機。她在班上交了個好朋友小愛，開始蹺課得凶，穿著打扮都不一樣了，極短的裙子露出年輕的身體，她甚至穿細肩帶的性感涼衫，裸露的肩頭爬著醬紅色的灼傷遺痕。

「小愛說，怕什麼？受傷就受傷，別人愛看就看咩，我以後再賺錢美容回來。」小芳的聲音，這樣理直氣壯。

我看見，小愛給了她極大的信心與接納。

這是焦慮的老師及父親做不到的，他們若不是太小心的照顧她，就是太敏感地限制她，小芳只有一步步退回去，動彈不得。小愛當然是一般人眼中的不良少女，她領著小芳去溜冰、打電動玩具、泡紅茶店和男孩子們調笑，可小芳的自信就這樣慢慢找回來，她甚至交起男朋友了。

國三上，小芳休學了，中輟生。父親還是忙著作生意，他鐵青著臉一條條叨念起小芳的醫療、復健、美容都要花錢，生氣小芳這樣不懂事。小芳乾脆離家出走，和小愛一起在泡沫紅茶店兼差。我去過一回，客人點一杯啤酒一百元，店家和小妹五五對分。小愛一身超迷你辣妹裝扮，高反差的迷幻彩妝，正豪爽地拚業績，喝得滿臉通紅。小芳穿了細肩帶緊身衣，撲了亮粉的疤在燈光下像隱約的水墨，有種神秘感。她的高跟馬靴交叉斜倚在吧台邊，和幾個相熟的男生打撲克牌，喝紅茶，說說笑笑。店裡的窗都覆上螢光色的玻璃貼，分不清是白日還是黑夜。

「我不喝酒。」小芳匆匆繞過來陪我坐了一會兒：「只有喝茶陪聊天老闆賺不到什麼錢，我也分得少。還是小愛比較厲害。」

「為什麼不喝酒？」

「你看！」她俏皮地扯低了領口：「燒傷的疤痕一喝酒就發紅，變得更明顯，好醜。」

「老闆不會不高興嗎？」

「我們又沒有底薪，抽成的，他沒損失呀，無所謂。」

小愛個子小，但說話豪爽，同樣才十五歲，卻顯得世故老成得多。晚上我隨著她們回到租處，頂樓加蓋的小套房，小女生買了不少粉亮的飾品掛在床頭、窗邊、門框，牆面則掛滿了日本少男歌手的海報。兩個中輟少女相互扶持過日子，明顯看得出來是小愛主導，她既是承擔、照顧的重要角色，同時也支配、指揮生活作息，小芳則負責採買食物、整理家務。

「小芳的膽子要練大一點，才能夠保護自己。」小愛說：「以後還是要回去讀書，把學歷補起來啦。否則一定沒前途。」

「我想要多存一點錢，植牙很貴，啊，還有皮膚美容是一定要的。」小芳興高采烈：「我以後想當歌星。」

●

小芳離開泡沫紅茶店後，我們就失去聯絡好一段時間，打電話到家裡，她父親永遠忙，也不知她的去向。

小芳再度出現時，已經懷孕了。

那個男孩是小芳在另一家泡沫紅茶店認識的，正值她和小愛吵架，一氣之下搬出去和男孩同住。懷孕後，男孩說要娶她，可小芳的爸爸飆怒，一狀把當時才十九歲的男孩告進「誘拐未成年少女」的刑事法庭。孩子的爹就這樣入獄服了數年刑期。

小芳快生產時，住進未婚媽媽之家。孩子一出生就送到教會去，沒多久，就聽說被一個荷蘭的工程師人家給領養了。

荷蘭有多遠啊？國一的地理課本說那個國家沿海、土地小、填沙造田，人與海爭地，聽來浮浮沉沉，像是經年漂在海上，被陸地拉近又推遠。倒是孩子快滿周歲時，養父母還細心地寄了相片，由教會輾轉送到小芳手上。

產後，小芳在家中的海產店當會計，忙內勤，不必送菜添酒精。直到年滿十八歲，可以自主去探監了，她每個禮拜從汐止搭車、轉車到土城監獄去看孩子的爹，還帶了些店裡現炒的海鮮給他進補。男孩出獄後，一起住進小芳的家，才正開始找工作呢，小芳又懷孕了。兩個人總算辦了喜酒，結了婚，沒多久男孩就到外島當兵去了。

這些年來，阿凱在醫院裡擔任約聘僱行政人員，休假時就花昂貴的學費上心靈成長課程，每隔一段時間就有一群相親相愛的同學，誓言開發自己改變命運，之後又是失落、挫敗、盪回原點、再上課，如同上癮一般。我們一面罵阿凱浪費錢，一面拉他參加街頭行動，在抗爭中對自己的身體、經歷，有了更多的接納與理解。個別的也是公共的，集體也抹不去個別差異。仁志畢業了，扭曲的手未達驗退標準，只得忍著痛當完兩年兵（那已是兩年兵役的最末代了）。他的電腦強，幸而手繪也不流行了，憑著鍵盤操作，仍繼續在美工設計專業上前進。俊秀的仁志很忙，女友不曾間斷，但他一看見學生打工受傷的新聞，就抽時間主動聯絡、拜訪，給新受傷的青少年，一點點關懷與激勵。

小芳的傷疤，至今還沒美容整型。當了媽媽的她，似乎也比較看得開了。眼前，找份穩定的工作比較重要。她和新媽媽的關係一直有張力，住在一起更糟。資源有限的勞動家庭，免不了生活擠壓與摩擦，但也因著相互依賴，工作生活分不清，關係上更為緊密糾纏，分不清。爸爸年紀大了，小芳也早就為人父母，親子關係似乎和緩鬆動了些，年初時，小芳總算去補了缺漏的兩顆門牙，錢還是爸爸出的。

打工受傷的學生們，年輕的生命還來不及站穩，就撞進職場最險惡的漏洞裡，傷可見骨。社會支援系統這麼有限，法令制度得以援引的如此不足，當下沒有可供參考的範本，未來又要面對什麼樣的生命走向呢？懼怕什麼？欲望什麼？這在大社會的職災數據、失業新聞裡，是看不到的。

斷斷續續，小芳在卡拉ＯＫ店、美容院、小吃店工作，也在市場擺攤賣冰，更多的時候，是待業，不斷找出路。她搬出家裡，在外租房子，男孩放假時就回家幫忙顧小孩。對未來，小芳還是充滿期待，男孩就快退伍，孩子正在長大，生命中還有各種可能。

「壓力很大，可是就這樣啊。」小芳說：「放心啦，我不怕。」

微塵

須菩提，若善男子善女人以三千大千世界碎為微塵，於意云何，是微塵眾，寧為多不，須菩提言，甚多，世尊，何以故，若是微塵眾實有者，佛即不說是微塵眾，所以者何，佛說微塵眾，即非微塵眾，是名微塵眾。

——《金剛經》

聰民走了。

竟然是從新聞上知道這個消息。靖傑打電話來，我正忙著和五十餘名菲籍勞工召開自救會，他說：「聰民後來改名字了嗎？」

「對！他改過好幾個啦。」我笑著說。

「吳蒼揚是他嗎？」

「嗯。」

「那就是了。昨天在貢寮的火災，他和姪子都沒逃出來。」

「哦，火災。」我還在核算薪資單的不當扣款，腦波一時沒接上頻道：「他家在貢寮沒錯啊，他怎麼了嗎？」

「死了。」靖傑的聲音驀然蒼老十倍：「你去看今天的報紙。」

怎麼會？這個世界天天有人過世，怎麼會是他？怎麼又會上了媒體？這個消息聽來更不真實了。

不是他。我一路快步走回台灣國際勞協，心跳得喘不過氣來。不是。年前打電話到貢寮，他媽媽說他人在深圳，給了我一個長串的大陸區行動電話號碼，反覆結巴說了幾次，後來我一直撥不通，猜想是老媽媽念錯數字了，也不好意思再去麻煩人家。心裡盤算著，過年時節他總會回家吧？到時再聯絡好了。就這樣擱置，一如很多掛心的事。聽民回家了嗎？知道我在找他嗎？不是他。

週日恰是辦公室最熱鬧的時候。難得休假的移工們來來去去，大聲說家鄉話、放鬆跳舞唱歌、自在作菜煮食、癱著看租來的影片，電話響個不停，全是來求救的個案。所有的聲響彷彿倒退成遠方的激浪，我聽了，聽不入耳；看了，看不入心。而我仍是微笑的，不是他。上網查了電子報，社會版，沒有。地方版，沒有。就說不是他嘛。

最後是焦點新聞跳出大篇幅報導，相片文字插畫一應俱全。主角是一臉聰明相的「救叔小英雄」吳誌軒，他在失火時逃出大門，但為了救他親如生父的殘障叔叔而英勇跑回二樓。兩個人在逃生過程中，因吸入過多濃煙倒在門口，沒被火灼燒，但也沒來得及得救。小五生吳誌軒才十一歲，身障的叔叔吳蒼揚得年三十六歲，家人哀痛欲絕。

聰民是那個行動不便的人。我覺得好奇怪啊，他向來行動索利，接上義肢不需一分鐘，即便單腳跳躍也毫不拖拉，一定是沒料到火勢這樣大吧？報上說，半夜時分，是他先發現濃煙的，出聲喚醒隔壁間的媽媽下樓查看。怎麼大家都向外跑了，他卻如此大意沒及時套上義肢？我撥了電話給工傷協會，心跳欲裂，必須按住胸口才能說出話來。聲音這樣遠，像一句咒語又像一則啟示，彷彿不能太快說破，直到我終於聽見自己說：「聰民死了。」

機會

聽民是我來到工傷協會的第一個朋友。

十年前，我製作的第一張工傷海報，就是拿他的半身裸露黑白相片，加上大標「如果當初沒有發生那件事……」文案裡簡單說著他的故事，高壓電擊奪去了鐵窗工人的左腳、雙手灼傷扭曲。十八歲那年，他的生命從此轉向了。

我笑說聽民長得俊美，有賣點。兩個人相約各自寫文案，再決定採用誰的。我寫好了給他看，他大笑：「就這樣吧。你寫就好。」時間急迫，我先將海報送印，一面仍催著他交稿。幾天後，聽民交出了好幾大頁的手寫稿，說：「隨便看。現在才寫到小時候摸魚打架的事。」我如同看連續劇般，每隔一段時間就接到新的稿件，家庭、學校、愛情、職場、工傷、治療、失業……高潮迭起，二十六歲的年輕生命。

聽民的心思敏銳，行事細膩，自尊心超高。截肢後，他努力復健，又拚命工作，想證明缺了腳也可以站得起來。後來，職場出現歧視性的管理控制，他請了長假休養，返回工作更倍受打壓。他憤而辭去工作，開始買醉麻痺，生命往下掉。

我知道他心裡不痛快，挫折，自傷又自棄。遠在宜蘭的父母、哥哥們都疼惜他，不忍苛責，不便要求，他反而逃得更遠，和弟弟窩居台北，鮮少回家。不過，我在工傷協會認識的聰民，一直是最好的救火隊：討論、講習、寫布條、上街頭，只要協會有事，他二話不說跟著熬夜趕工。

全民健保甫實施兩個月，我們到健保局抗議，揭露諸多不利於職災工人的行政解釋。面對顢頇的官員，聰民話說到一半，直接拆下左腳義肢，往會議桌上一擺：「斷一隻腳，增加的生活支出要多少錢你知道嗎？我們的訴求你到底查過資料了沒有？」媒體的鎂光燈照過來，他面不改色：「像我這樣的工傷者，每年有三萬多個。你算算看每天有多少次工傷？」

聰民毋須證詞，他的存在本身就是見證。

共同在街頭抗爭一年後，聰民領著我上山拜拜。他單腳攀爬，至膝下截肢處滲出血絲，猶不喊疼。我們在破舊的小廟和師父聊天，共享午齋，聰民站起來，遠眺台北盆地，平靜說：「差不多了，我該去找個正當工作，重新做人了。」

就這麼巧，那幾日正好聽聞一位熟識的工會幹部提及，新光紡織廠要徵一位倉庫管理員，他可以引薦。倉管員的工作並不吃重，就是工時頗長，要能細心記錄出入貨。我記住這事，假作不在意探試聽民的意願，他嘻皮笑臉，左腳的義肢蹺上右腳的膝蓋，說：「我什麼都能做。」

我於是打電話給工會幹部，仔細詢問工作內容及勞動條件，最後提及：「聽民有殘障手冊。幾根手指扭曲變形，但字寫得漂亮，電腦打字也沒問題，左腳雖然裝了義肢，但其實走得很穩，也能提重物……」

「哎呀，這不行啦。」

「你見見他就知道了，真的行走做事都沒問題的……」

「不行不行！問題不在我。」電話那頭，工會幹部提高聲量：「一個殘障者，老闆根本不會考慮，一面試就被刷掉了。要他來不是白受罪嗎？」

那是我投身工人運動多年，第一次協助求職，未果。彼時失業潮尚未襲捲，我熟悉的工會幹部都是冒著被解僱的危機，衝鋒陷陣。而我來到工傷協會，觸目所及，非病即殘，走投無路。聽民還不是最嚴重的一個。

夜裡工會組織者的定期聚會，交流勞動現場的經驗，彼此鞭策。我提起白天的這通電話，頗不以為然：「反正新光紡織從以前就惡名昭彰，再找其他工作機會也沒關係。」

然後，毫無預警，我的眼淚掉了下來。我笑著抹去，手指像自動滲水似的，再抹，又抹：「啊，怎麼會這樣？我並沒有很難過呀。」

說完，我就嚎啕大哭了起來。

一面試就被刷掉了。終於，我直接踩上聽民的就業挫折。我們打拚多時，共同走了很長的路，才絆到他在這個社會上一再經驗的否定與拒絕。我只是偶然踢到腳踝，隱隱作痛，跛足的他卻經常跌得鼻青臉腫，連攀爬過去的機會都沒有。

在工傷協會，傷的、殘的、痛的、苦的人聚集在一起，心酸與磨難都多，組織工作者不時跟著起伏震盪。處理個別的職災勞資爭議，組織者與工傷者可以扶持前進，找法令、找資源、調解、檢舉、甚至抗爭，共同梳理出結構性不義。我們交換經驗，盡可能在有限的條件下，作出最有利可行的決定，就算節節敗退，行動還是會帶來力量。唯獨「求職」不同。找工作的過程，我們無以協同，個別的人被丟到就業市場，就是任由雇主挑揀。制度性的改革，也跟不上現實的殘酷淘汰。

之後，工傷協會開始協助工傷者求職，痛苦與無力仍令人舉步維艱。但我們記住最初的眼淚，不肯退。

上香

抵達殯儀館，氣象預警輕度颱風即將撲台。

天氣忽晴忽雨，風倒是撲面激昂，飽含水意。從南榮殯儀館沿山徑而上，先入目的是火葬場旁的小靈堂，裡面暫時安置尚未公祭、火化的牌位。約莫十坪大的長方形空間，沿牆排列了二、三十個供桌與牌位，相片、鮮花、水果、香爐、水盆與毛巾。上緣的牆壁經長年煙燻而嚴重泛著黃油，倒是牆的中下側因著時常放置供桌什物，仍是刷白的。有幾個牌位才剛拆下，想來是新近出殯了，供桌也撤了，新的逝者尚未接替上來，留白的空位，色差分外顯眼。

走入公祭廳，聰民和姪子誌軒的相片並鄰擺放，兩個人都有濃眉大眼，好看分明的稜角。我心裡忍不住浮現報上的說法：「家屬打算把叔姪兩人葬在一起，盼他們來世作父子。」似乎這樣，兩個人就有了伴，活著的人也得到一點安慰。一名師姐熟練地分發經文，主祭者是聰民的堂哥，工運界的朋友們陸續加入誦經的行列。心經、阿彌陀佛經、金剛經一路持平的音調，在空氣中慢慢連成一張網，外擴延伸至遠方。聰民好走。

臨時搭建的帆布蓋被疾風吹得獵獵作響，陽光有時照得一片通亮，有時又倏忽暗沉了下來，伴隨著斜飄進來的驟雨，陰晴不定。遠眺對面山頭，一整片丘陵地都植滿了新舊墳塚，安靜的擁擠。

風起，招魂幡斜倚著供桌，幾尾流蘇翻動不休，左三魂，右七魄。聽民在大火中來得及拿他的左腳義肢嗎？他的義肢是功能取向的鋼鐵腳，只有簡要的接合、支撐與著地平掌。聽民平日套上義肢，從不遮遮掩掩，夏日穿著短褲，膝關節以下的兩腳，一真一假交替換步，倒也走得穩健快速。夜半時分突如其來的火災，事後研判，是一樓電線不堪負荷，起火了。晚睡的聽民（也許還沒睡？）先開口：「有燒焦味？」同住二樓的母親，原就淺眠，聞聲逕自起身下樓查看，不料是客廳的隔門一開，正好讓風從樓梯口灌進屋裡，原本悶燒的火焰立時得到助燃，火勢遂一發不可收拾。母親忙著叫大家逃生，聽民應該是單腳走到臥室門口了，可煙燻得凶，就倒地出不去了。誌軒跟著外婆逃出門外，見不到叔叔又返回二樓找他，也許他曾想揹著聽民下樓？然而火勢太大，兩個人雙雙窒息在門口。就此沒再醒來。

招魂幡不歇息地翻飛，師父低聲吟誦：一位正德，返回家中，領沾功德，迎向西方。

一起來上香之前，組織者們討論，還能為聰民做些什麼？很多人都說：「他曾經不眠不休幫我打字、完成論文。」、「車禍的時候，是他全程陪我去談判。」、「我家頂樓加蓋是他幫忙找工人，還全程監工。」、「社大初成立，他幫忙找教室、借用具。」……這是聰民慣常與人相處的方式，不麻煩人，總以協助者的角色出現。正德返家，領沾功德，也許聰民都聽到了。

他不出現的時候，多半是過得不好了，獨自躲起來。近些年失聯，可想而知聰民的境況不是太好。若是順利，他早出現了。我只遺憾，沒能更盡力去找他，總是這樣忙，以為有用不完的未來。去年要到了電話，撥不通怎麼不再追問呢？人在深圳又如何，天涯海角，哪有這麼遠呢？他若知道我一直掛念他，也許會少一點寂寥，也許還可以一如往昔，半夜拎酒來找我，淨說不著邊際的話。這是我所知曉的，聰民的苦悶與快意。

懸案

發生工傷時，聰民正值高三上的冬天。來自宜蘭的他，拚命考上台北最好的高工，卻對都會的職校生涯厭煩至極：「上課無聊得要死，又沒學到什麼。台北學生不知道都在屌些什麼。」

整個夏天他留在台北打工，擔任鐵工師傅的學徒，扎實流汗打拚，睡老闆家頂樓加蓋的小房間，打赤膊學技術，覺得生命耐操耐煩得多。就這樣決定休學去做工。耶誕節前夕，台北的街頭早已掛滿成串晶亮的燈飾，聰民與一同休學的幼時玩伴安裝鐵窗，正攀爬在三層樓高的老式建築體外牆。未斷電作業，一萬一千伏特高壓電擊卒不急防，身邊的同學當場死亡，掉落地面的聰民則住院半年，雙手嚴重灼傷、扭曲變形，左腳膝下截肢。隔年秋天，聰民雙手裹著石膏，被老師硬拖著返校念完最後一學期，取得畢業文憑。

對職校與職場的斷裂，聰民有極深的感觸，生死攸關。我們一起到學校安衛講習，商校女學生在視聽室觀看我們帶去的幻燈片，隨著影像牽動而發出「啊，好可怕。」的回應。聰民說話有一種故作不在乎的瀟灑，眼神則極專注，提及技職教育不受重視，或嘲或諷都讓學生會心一笑；回憶工傷後的身心掙扎，或笑或嘆都令人動容。

他談經驗，我輔以相關勞動法令。學生們反應熱烈，老師說：「真是太精采了。暑假大家要實習，一定有很多問題，現在可以直接發問。」

美髮班建教合作的女孩率先舉手：「吳大哥，」下巴揚起來指向我：「你們是一對嗎？」

我們相視大笑。這題跳過不答。

受傷後，班上有個女同學一直來探病，默默在人群中，天天來。母親開口了：「這麼好的女生，敢緊娶娶起來好了。」他請同學轉話，要女同學別再來了。返校讀書，兩人也沒進一步交往，女同學終究只是女同學。但他惦記多年，感念她當時的情深義重。

多年後提起這事，聰民嘆氣搖頭：「我剛上台北讀書時，爸爸媽媽都說不准交什麼女朋友，怕我亂來。等我殘廢了，他們反而一天到晚關心我的人生大事，是怕我娶不到老婆嗎？」

聰民媽媽私下倒是對我說：「聰民若有交查某囝仔，你要勸他卡緊娶，以後卡有人照顧他一世人啊。」

真正談戀愛是畢業以後的事了。這一段感情，聰民始終說不分明，偶爾酒醉後喃喃自語：「是我不好。我這麼爛命一條，實在不能再拖累她了。」

那是他努力扳回一城的奮發時光，工作受到肯定，感情細水長流，未來似乎值得期待。後來，一如我在協會遇見的許多人，薪資、升遷、職場挫折累積至難以承擔時，連帶崩塌的就是親密關係。聽民憤而辭職後，暗黑引力襲捲周遭，首當其衝的就是愛情。他醉倒在路邊不回家，罵她，否定她，逼她走。失意的人對自己不滿，對身邊人耍賴，徹底任性。他活得不好，不願好，都這麼努力了還是被歧視，那就放手讓自己往下掉，看看能墜落到哪裡，身邊親愛的人一個都不能留，才能盡情掉到底。也許沒有底。

我認識聽民的時候，他還是常喝酒，但清醒時就勤跑工傷協會、跑山上小廟。抗爭缺人手，他上；廟裡要人跑腿，他也去。一回我跟著他上山，師父看了我半晌，意味深長：「聽民很需要照顧哦。」

他一旁大笑：「哎喲師父，不是她啦。是她我也不敢。」

我們無話不談，但好長一段時間，離去的女友是個不能碰的話題。某個春日，他匆匆來電：「我帶一個人去協會，介紹你認識。」

她跟在聽民身後走進來，手上還牽著一個年約三歲的小男孩。年輕的媽媽載眼鏡，清秀削瘦，出乎意料的冷靜樣貌，不多話。她簡單自述，說是好幾年沒北上，順道來看看老朋友。他靜默不語，連招呼倒水都不會似的。這裡是聽民的家，他帶她來，我自覺如親人般陪同，泡茶給客人喝，哄小男生在沙發入睡，繼續忙手上的工作。不多問。

兩個人在諮詢室說長長的話，直至黃昏，聽民騎上改裝機車，雙腿夾緊小男生，後座載著前女友，一路相送至台北火車站。之後，聽民一口咬定那是他的孩子。

「所以，你要把孩子要回來？」

「不行。」他搔搔頭：「沒資格。」

分手以來，聽民總耿耿於懷，擔心她不幸福，煩惱她匆促結婚沒被善待，但也沒勇氣去找人。如今，倒是前女友主動上門，進退有禮，沒哭訴，沒抱怨，沒算帳，敘舊也很坦然。終究，他還是欠了她。

聽民戒酒了，也許與前女友有關，但他絕口不提。我問過幾回，他只是苦笑：「她現在過得好就好了。上回和老公吵架離家出走，我本來想，她若要離婚跟我，我就振作，養她母子。可是她還是回去了。」

小孩呢？她說不是他的。他又有什麼資格追問？

懸案。聽民生命中的懸案也不只一樁。

「我自己都活不好，哪有力氣管這麼多？」他說。

出殯

時逢夏日，又是枉死，聰民的家人一週內就為叔姪倆安排了出殯。

八月十五日，盛暑，陽光亮到刺目難耐。偌大的公祭場，竟是坐了上百人。工傷協會、工委會、蘆荻社大、台豐工會等，他參與工運的那幾年間接觸過的組織，多年來失去聯繫，最終一程還是來了十數人共同送他；再過去，花白頭髮的貢寮鄉親占了多數，鄉里代表會、誌軒的小學教職員、吳氏宗親會、親朋好友，想來是從貢寮包了遊覽車遠程而來。

滿場的白花，莊嚴肅穆。鄭三姐好意提醒我，把不滿五歲的小樹帶到公祭場外，孩子小，還是別沾染上不乾淨的東西才好。可是我想，聰民會善待小樹的，他一向與孩子友好，也曾在小樹出生時送上金飾。小樹東張西望，瞪視著掛在一叢叢香水百合間的亡者遺照，明顯地對小哥哥誌軒感興趣得多。

「媽媽，哥哥怎麼也會死呢？」

小樹最近的一次喪禮記憶，是八十九歲過世的姑爺爺，現場都是粉色調的喜喪禮。她全程參與了家祭、公祭、入殮、下葬、過火的儀式，和一名抬棺工人的小女兒在墓碑與墓碑間玩得不亦樂乎，開懷的笑聲在山谷中迴盪而無人阻止。喪禮對小樹來說，對象是老人，氣氛是輕鬆。

我看著誌軒一臉的倔強、機靈，忍不住嘆息：「哥哥要去救叔叔，火太大了，他吸不到空氣暈倒了。」

「叔叔呢？」

「叔叔腳斷了，不方便走，也暈倒了。火很大。」

「火很可怕嗎？」小樹皺起眉頭。

我們安靜地看著聽民的遺像。他一貫不桀的自然捲亂髮，相片上照不到後腦勺因植皮而留下的微禿；他的眉如劍，眼如星，雙唇緊抿遮住了菸燻的亂牙。經過相館柔焦處理，聽民的臉呈現前所未有的溫柔與寬心，似乎所有的掙扎與困頓都過去了，向來銳利的眼神也放鬆了。

「被火燒到了，很痛。」我說。

十八年前，一萬一千伏特的高壓電順著安裝一半的鐵窗，像火一樣在聽民的身體內狠狠燒過一次。這麼多年來，他一直與烙印不去的生命灼痕奮戰，有時激昂，有時陷落，沒有一時安歇。

儀式仍往前走，獻花，送酒，上香。聽民的兄弟們站成一排，代表家屬答禮。他們都是長年勞動的人，黝黑的膚色，長繭的拳頭，都和聽民有同樣的深輪廓。公祭近半，聽民的媽媽再也撐不住，乾啞的聲音嚎啕哭喊：「阿民啊！」幾乎昏死過去，女眷們忙上前撐扶她到場外。隨著這個突來的騷動，誌軒的媽媽終於也崩潰地哭喊出聲，骨牌般一個接一個啜泣。場外的陽光刺目。

火化前，我們一一繞至靈位後側向亡者告別。

兩個人的遺體都完整無缺。一大一小的棺木裡，是上過妝的叔姪二人，頭髮、皮膚都未過火，但也許是煙燻過久的緣故，膚色明顯偏黑，聽民的下唇甚且有幾分乾裂脫落，但神色倒是安詳的。兩個人作伴不知為何有點溫暖，誌軒這樣機警、聰明，應該也和叔叔一樣講義氣、重感情吧？誌軒出世時，聽民剛結束戀情沒多久，有時幫忙照顧誌軒，就像對著那個他自以為己出的「無緣的孩子」。誌軒還不兩歲時，就乖乖跟著叔叔到台北玩了好幾天，換尿布什麼的，聽民都拿手得很。

此去路遙迢，兩個人要互相照顧啊。

環視公祭現場，除了「英年早逝」的鄉親輓聯，還有來自工人運動的獻辭。工傷協會送上大大的「工殤」，工人傷亡宛如國之殤，聰民曾經以肉身的殘缺作為武器，挑戰現有生產邏輯的罔顧人命；差事劇場的輓聯是「在勞工抗爭的火焰中重生」，幾年前靖傑才以聰民的故事導了一齣舞台劇《潮暗》，我總記得他們多次討論至半夜，而我的抽屜裡至今仍存放著彼時聰民草擬的腳本。

參與工運抗爭，應該是聰民生命中最輝煌的時刻吧？那幾年，工作與愛情都被丟棄了，他的生命淨空，全心全力清算他與社會結構的這筆帳。他學電腦打字，以單指按鍵，積極創作，寫下長篇細膩的生命故事；他的演講誠懇動人，對學生老師細述年輕工人的勞動處境；他和官員據理力爭，以個體的挫傷直指結構性問題；他在工人遊行的最前排，坐輪椅拿麥克風帶領群眾喊口號。我在聰民的生命最低潮、但也很可能是最高潮的時候遇見他，有幸同行。

他觀察，他參與，他學習共同行動，他認識到資本主義下工人幾無出路。他甚至重新就業，練習成為工會組織者，嘗試集體生活與行動。直到家裡發生變故，面對龐大的經濟壓力，他決定賭大的，把曾經被燒掉的都賭回來。

翻身

「他就是想翻身，翻不過去。」聰民的弟弟聰祥說。

聰民家五個兄弟，他排行老四，最年幼的聰祥還小他六歲。十幾年來，他與聰祥在台北共同居住，曾因房子被三哥抵押、遭法院拍賣而狼狽搬家，日後又因聰民大量貸款買賣法拍屋，最終付不出利息而再度被迫搬家。

聰民一家都靠勞力討生活，原本祖產的土地不少，在他傷後變賣了大半，以換取彼時尚無全民健保的高昂醫藥費。目睹父母流淚賣田賣地，聰民高職畢業後，就積極工作、努力存錢，即便是憤而離職期間，也不曾再向家裡伸手。他戒酒，重新振作後，曾經進入電路印刷工廠，參與工人組織，有意識地記錄勞動歷程。幾個月後，吳三哥負債逃亡、房子拍賣在即，吳爸爸也診查出罹患癌症，家中多筆不值錢的土地竟附加高額遺產稅。多事之秋，聰民辭去工作，上山閉關了兩個月，半夜裡寫信給我，說是決心返回貢寮處理家務，扛起重責以清還對家人的虧欠。

如何快速致富呢？由於台北住屋曾遭法拍又買回，聰民處理過程中學了不少本事，就此投入法拍屋買賣。九〇年代末景氣一路快速下滑，他既已捲入金錢遊戲，就不免豪賭，買了屋還要再買，貸了款還要再貸，負債快速增加，本金再滾利息，抵押、貸款、愈補愈大洞，部分房產只好中途放棄，讓法院拍賣。本該認賠退場，但聰民不退，他又借錢投資土地、停車場、金融，一再失利，又到了深圳、北京、上海、台北轉來轉去，地上地下的投資都是借來借去的錢。一直到聰民過世，仍積欠數不清的卡債、銀行貸款尚未還清。

「他很會講道理，但做不到，講有什麼用？」聰祥說：「他的想法我怎麼也想不通，有穴沒筍，有什麼用？可以做的人家早就去做了，還輪得到你嗎？」

結束法拍屋的事業，兩兄弟留了一間自家用，按期由聰祥繳貸款。聰民的房間還維持著原貌，豪氣的辦公桌椅，牆角放了一台老舊的電腦，睡袋隨便捲放在地面，一旁的塑料衣櫃也像隨時要搬走。靠窗處有個木製書架，散放著財經、投資、節稅專書，以及一堆無以為繼的空白資料夾。

書桌上凌亂無章，我順手推開桌曆、信封、雜物，意外發現一疊信件，全是前女友寫的，前後間隔十年，不變的無奈與深情，永遠在結尾時祝福他「健康，快樂，事業成功」。唉，聰民就是為了「成功」而犧牲了健康和快樂。眼前還有一大落未吃完的藥袋、診察書，攤放在桌上。他生命中的最後幾年，應該是各式病症都浮現了。聰祥說他每次回台灣，就要去看病拿一大堆慢性病處方簽，腎啊心臟啊都是毛病。那個被肉身拖累的聰民，硬撐著，為成功而搏命。

「他就是太想翻身。」聰祥下了定論。

聰民的翻身，從來不是名與利，他要的更多，他要活得像個英雄好漢。事業的成功，不過是證明他有能力回饋、協助他人的一種英雄式想像，倒未必只是為了賺錢。但我看著成疊的帳單，知道他到後來完全是為了填補財務漏洞而愈陷愈深。他怕拖累家人，最終還是拖累了。愈拖累，愈一去不回頭。

遺物

決定投入這個資本大賭場前，聰民從山上捎給我一封信，信末說：

我的生命到底會走到那裡去？我無法知道的，但希望，五年後，我可以靜下來，隨心所欲做自己想做的事。找個時間吧，好好煮一頓飯與你共進一餐。

離現在正好整整八年，期間我們吃過幾頓飯，沒一次是他煮的。那段時間的聰民，總有接不完的電話，心浮氣躁，時間永遠不夠用。如果他還活著，也許還有更多的糾纏與掙扎，滾不完的債務。

聰祥說：「我寧可他只做一件生意，賠了就賠了，也不會這樣那樣、沒完沒了。」

當年協助他進入工傷協會的組織者常建國則說：「他活得太苦了，就算是早死早解脫吧！」

聰民不認命，應該是想減少對家裡的虧欠。我說。

聰祥說，不會吧，沒有人怪他啊。聰民從來對殘障不自卑，裝了義肢照樣穿著短褲四處走動，扭曲的手指也從來不隱藏，兩年前才又截掉左手的無名指。那根因電擊而扭曲的手指，原本就不可彎曲而毫無作用，後來甚至阻礙了大拇指的活動空間，乾脆再開個刀，手術切除。他很看得開，聰祥說，不會自憐自艾，這點我是很佩服他。

聰祥做水電、包工程，每天辛苦的重體力勞動。「這是，賺錢換燒酒啦。」他笑著下了註腳。他說話的措辭與語氣和聰民十分類近，濃眉深目也很相似，只是聰祥平實認份，不若聰民的意氣風發。他笑說自己不讀書、不談心、不會使用電腦，猜不透聰民怎麼這樣多心事。聰民留下來的文稿、相片、信件、電腦檔案，他「讀了就睡」，留著沒什麼意思，又沒有子嗣可以傳下去，最後全交給我整理。

我約了幾個和聰民相熟的組織者，共同討論如何處理他留在工運裡的紀錄。連絡、討論、整理的過程中，我一直以為自己就要哭了，可是沒有。我重複閱讀他的來信，翻看過往的相片，為他的手稿打字，辨識他凌亂的筆跡，竟是樂不可支。

聰民從來不吝於使用個別生命歷程，作為公眾的素材。我在書寫聰民的過程中，不斷想起許多工傷朋友，有的還在辛苦攀爬、有的在集體中安身立命、有的在工運中或深或淺地共同打拚、有的屢經挫折而低落不振，這些那些遭逢工傷而被主流社會拋到背後，浮沉如微塵眾。我自己又何能靜下來？我也是微塵，想隨心所欲而不可得。

整理聰民的遺物，我漸漸自在、舒坦多了。翻出抗爭影像，他拔下左腳義肢，直接放到健保局會議室的桌上，舉證歷歷，理直氣壯；鎂光燈打在他的側臉，看不見亂髮裡有五公分平方的燒灼，全場被他震懾無語，官員都在聽訓。職災免繳健保部分負擔，就是這樣爭取來的，至今適用所有工傷者。

那時的聰民就是個英雄好漢，做他想做該做的事。這張歷史照片，被我珍惜地放進勞教ＰＰＴ裡，很多年很多年都捨不得替換，像是聰民不曾離去。我們一起行動。

輯三

暗影與微光

慶功宴的脫衣舞

餐廳位於新店區，一進門就是大型紅龍魚缸，頗有氣派。暗紅地毯，圓桌方椅，席開數十桌，還有個陽春小舞台，懸掛晶鑽七彩霓虹燈，搭配卡拉ＯＫ音響。雖然店內格局擺設略嫌過時，不過大家都是在地人，知道這裡價格實在，冷盤熱炒皆分量澎湃，餐後還附贈小點心可以外帶，賓主盡歡。

人客尚未到齊，菜餚還未上桌，司儀正在彩排流程。這裡應該是常辦婚宴，入口處有一間小休息室，牆角倚著落地長鏡，可能是給新娘換妝用的。

為什麼我記得這間休息室？

因為宴席就要開始了，幾名熟識的女大學生拉著我閃入休息室，氣急敗壞說今夜的節目單裡竟排了脫衣舞表演。

「物化女性！根本只是為了滿足男性視角的慾望。」

「在場這麼多女工，難道都想看女人脫光光嗎？」

「階級運動就比較重要嗎？可以不在乎性別歧視？」

彼時我已專職投入工運多年，在工會辦公室泡茶、掃地、寫會議紀錄，被工運前輩攬肩說：「小妹妹不錯哦！好好幹，工會不會虧待你！」然後見他轉頭掏出一支菸，遞給和我一樣資淺的男性組織者，兩人在菸霧中高談闊論近日的政治局勢，分析階級運動的相應對策。

休息間外傳來雜沓人聲，賓客一一入席，那些平日在罷工線煮大鍋飯餵飽大家的女工們，都打扮得豔光四射，腮紅口紅衣裳紅，喜氣洋洋。我聽到麥克風試音：「Test，test，歡迎大家來到正大尼龍產業工會，慶祝罷工成功……」

沒錯，這是罷工慶功宴。

一九九五年五月九日，位於新店的正大尼龍廠產業工會發動正式罷工，生產線全面停擺，數百名工人每日值班八小時，群聚於廠內車棚，集體勞教，分攤會務，吃大鍋飯。歷經悶熱酷暑、蕭索秋日，直至寒冬時分，總算搶在資方惡性關廠前，達成初步勞資協議，並於次年春天簽定工人優惠退休方案，奪回應有的法定權益。總計長達兩百五十日的抗爭，創下台灣至今最長的罷工紀錄。

正大尼龍廠是勞力密集產業，女工占絕大多數，薪資卻不及男性八成，解嚴後自主成立工會，幹部也以男性居多。女工的薪水低、職務低，垂直分工的升遷機會遠不如男性，平行分工的勞務所得也集中在低薪部門。下工後，她們還要忙於接小孩、煮飯、家務操勞，沒條件參與工會運作。

長達八個月的抗爭，正大尼龍廠的女工們輪流烹煮以節省罷工支出，向外界說明長年不調薪的苛刻勞動條件，分工處理繁瑣會務與罷工線輪哨，成為罷工現場的主力。最終，工人取得優於勞基法的退休金。退休金以底薪加成計算，明顯拉大男女所得差異，高薪者加得多，低薪者加得少，但這些性別不平等的問題，在協力抗爭時難以浮出檯面。不料卻是在慶功宴上，脫衣舞成為運動內部的性別矛盾指標。

●

怎麼辦？

性別、族群作為工廠支薪的層級式座標，大家都習以為常了。但在工人運動裡，難道不該在集體行動中，共同面對矛盾，衝突求進步嗎？抗爭從來就是最好的勞工教育，此時的脫衣舞碼，明顯是男性工會幹部一廂情願的決定，在場女性該如何表達不滿？如果罷工成功時刻，都未能挑戰性別偏見了，什麼時才有機會促成內部反省呢？

當場翻臉嗎？集體退席抗議？階級運動中的性別議題，何時不得不暫時擱置，何時又該尖銳戳破呢？

「會不會有人覺得，我們太小題大作？不識大體？」

「性別議題就是一直被當作小事，才永遠被邊緣化。我們和工會一起抗爭這麼久，難道不該直接表態？」

罷工之辛勞，未親歷其境者難以理解。不上生產線而挺在罷工線的時間，比做工還辛苦。雖說工會組織各種勞教、分工，但未知結果的懸浮狀態，每一刻都是煎熬。工會幹部尤其要承擔會員的質疑，拖愈久愈受質疑，精神與體力的雙重折磨。正大尼龍的罷工，整整支撐了八個月，在台灣已是史無前例，慶功宴既是同樂，更是為參與行動的工人們留下政治定性與歷史意義。

解嚴後那些年，各式社會運動伏流出土，四處冒生、集結，我認識的很多工會幹部都曾到野百合靜坐廣場捐過錢。當時第一波衝出來的工運幹部，都極有政治敏感度，氣魄非凡，論政議事都有一套，對知識份子雖願結盟，但也吃過不少虧，彼此間頗有較量。對我等極少數來到基層工會任職的大學畢業生，工人們多少也還在評估信任度吧，互動不乏張力。而工運內部的性別不平等，也促成我們後來成立「女工團結生產線」，階級與性別平權都一樣重要，沒有先後序。

彼時不少婚喪喜慶找脫衣舞助興，邊唱歌邊脫衣，炒熱現場氣氛。脫衣舞是草根的庶民娛樂嗎？如果國家劇院的裸體現代舞是高檔藝術，辦桌的脫衣舞又何以是低俗色情的？反對過來說，以庶民、勞動、草根、本土為外衣，就可以改變脫衣舞服務於男性凝視的性商品本質嗎？若說是為了保護女性身體而反對，女工因生產線勞動而下背痛、有機溶濟中毒，或是櫃姐因工時過長而憋尿發炎、靜脈曲張，付出的身體代價也應當受到社會對相關產業的撻伐才是。但是沒有，從來沒有人為了保護女性而要求關掉生產線，或要求百貨公司提早下班。很顯然，重點不是性別，也不是身體，而是性。女人的性不可買賣，只容婚姻獨占，這才是攻擊性產業的道德霸權。

當時的我，還不知道再過一年我將會投入台北市公娼爭取妓權的抗爭行列，也還未曾思索日後提出「性工作是工作」訴求的社會意義。在我有限的知識與經驗裡，沒有堪用的語彙，得以提出更基進的行動對應突發狀況。

「如果我們這些女性外力都離席了，受傷的會是誰呢？」

集體退席抗議的行動，立刻拉出一條界線，阻隔在女大學生與脫衣舞孃之間：我是乾淨的，你是髒的；我是進步的，你是賣的。女大學生們退席了，脫衣舞孃還留在原地，不僅必須繼續跳舞，而且扛負著「物化女性」的汙名。男性凝視未及鞭撻裸露的女體，進步女性的傲慢就足以濺得她們一身泥垢了。

年輕的我不知道怎麼做才是對的，但工運裡鍛鍊了粗淺的利害評估：如果女生退席會讓即將上台的脫衣舞孃尷尬、難堪，那麼，這個行動在當下一定是錯誤的。退席的作用，若只是表態，也不過是滿足了自認進步、敢於反抗的優越感。而墊高自己的代價，卻是踩在那些我所宣稱要保護的女人身上。

●

怎麼辦？

慶功宴即將開始，我們安慰自己「且戰且走」，因為不知所措。抵制男性的二元論很容易操作，但女人相挺如何連結內部條件落差，還需要時間學習。意想不到的是，正大尼龍廠的女工們毫無遲疑，很快就做出現場回應了。

音樂響起，脫衣舞孃在台上載歌載舞，好幾段旋律過去了，她的舉止性感，欲脫不脫，誘惑在場男性鼓譟、作出符合社會期待的性急反應。當最後一個音符落地，女舞者蹬著恨天高的鞋子轉身，背對觀眾扭動肢體，揚手甩掉亮閃閃的短外套，露出緊身的薄紗夾衣，引發第一波鼓掌高潮。她轉過身來，再褪去薄紗，黑色胸罩托住高聳的雙峰；她夾緊超高迷你裙，熟練地走到台下遊走；她繞著主桌，很巧妙也很準確地鎖定核心的工會幹部，跨坐到他的大腿上，隨著音樂搖擺磨蹭，調笑撒嬌。

被磨蹭的男人們，紛紛掏出一百元捲成一支菸的模樣，塞進她的乳溝、網襪和褲頭。

現場的女工們很有默契地大聲吆喝：「搖咧！搖咧！」舞孃更自信了。她站起來，繞到同桌另一位幹部身邊，擅用身上配備撩人，絲巾反扣男性工人的頸子，拉近又拉遠。那幹部配合地露出得意的雄姿，雖然在眾目睽睽之下做不出什麼不安分的舉動，仍是故作大方地掏出一百元夾進鏤空的網狀褲襪。

舞孃一桌桌遊走，偶爾坐到道貌岸然的大學教授大腿上，吊胃口似地磨蹭再三，試探他要假作正經還是要故作老練。

現在，連我也看出遊戲規則了，不由自主地站起身來，加入女工們歡快的笑鬧聲中。

「搖咧！搖咧！」女工們鼓譟、圍觀，掌控全場氣氛。

脫衣舞孃的裙子和褲襪都褪下了。她好聰明呀，每當靠近某個男人，聽聞女工們的叫囂特別起勁，她便知道要鎖定獵物，毫不鬆手地服務他、挑逗他、拉起他的手按在赤裸的腰間起舞，像是特別寵幸於他，其實是困他於被圍觀評價的焦點，就算掏光百元鈔也不得脫身。眾目睽睽之下，他完全失去戰力，不知何以主動打賞會變成被迫表演？他笑得一臉僵硬恨不得音樂立刻停止。

不知不覺間，我被組織進女人連線的即興行動裡，飽滿有力。環顧四周，女大學生們正漲紅著臉喊出：「搖咧搖咧！搖落去！」

體貼

聽民帶我到南港近郊，沿著山路走，偶有石階，常需攀爬，沒有公路可以安穩抵達。

我已經算是體力耐力還不錯的人了，仍免不了汗流浹背，喘氣如低壓氣流暴衝隧道，耳蝸全是回聲。聽民的左足截去下肢，平衡不易，想來更是難以使力，但他一路談笑風生，身形俐落。平日裡，他若穿著長褲行走，步頻與步幅與常人無異，不細看真不覺蹊蹺。不知他左邊褲角內是懸空的，全靠膝蓋套住的一隻鋼鐵義肢頂著地，只有兩腳落地的重心變動略有忐忑。當年手術截去焦黑的小腿，左膝下約莫還留有十數公分的長度，保全了完整的膝關節，多個可彎曲的使力點，走路就相對順暢多了。我習慣了這樣行走自如的模樣，也不疑有他，只暗自佩服他復健得武功高強，身輕如燕。

抵達山腰的老廟，聽民先領著我進廟禮佛，拜見師父。

師父抬眼含笑，示意我們在不同樣式拼湊的舊椅入座，逕自燒水煮茶。那茶也沒什麼講究，就是澆上熱水，粗枝碎葉舒展了一大壺甘潤，倒入台啤玻璃杯裡，琥珀色澤淌溢，正宜解渴。

我一手抹去玻璃外側的霧氣，吹皺氤氳，呼氣張口灌下半杯熱茶，起身至小廟旁的石砌平台，就著山泉水洗手潑面，濕透脖頸與衣襟。

漆色斑駁的木桌側，聰民悠哉和師父閒聊：山路上哪座木橋不穩了若下雨只怕危險，以前常上山借住的那個大伯總算回家去辦離婚了，東拉西扯俱是平常。

我繞著老廟晃蕩，大門口拜天公的線香一炷，紅頭燒至一半，焦黃的牆上釘著成排的籤詩，已然不齊全了，萬一抽中那籤卻無處解，也未免太寒愴了。山風吹散臉上臂上的水漬，像小蝌蚪一一掠過膚壁，渾身都有涼意。我回到老藤椅坐下。

●

聰民此時正將左腿抬高，拔下套在膝蓋的義肢，那義肢有個高至膝關節的膚色外皮套口，以下就是鋼鐵支架外露，底部再接個完整腳型。十九歲休學打工那年，他和同學攀爬在三樓釘鐵窗，因斷電程序出問題，突如其來的高壓電擊導致同學當場身亡，一萬一千伏特的高壓電自聰民的右手進、左腳出，全身經歷了大火燎原，留下殘缺扭結的肢體。他的雙手健在，但手臂及掌指間多有扭曲腫脹，經長年復健後仍寫得一手瀟灑好字，且學會電腦打字幫我謄寫會議紀錄。但凡有事相求，他二話不說，動作索利，不留意真不知道兩腳施力點略有不平。

多年來，聰民硬是把走路速度練得與常人無異。剛才一路上山，我只在意他的手指多處扭曲只怕握力不足，兩人相繼攀過繩索時，我每每回頭探看，憂心他一個沒握緊就要跌落山谷。而他總是揮著滿布疤痕的右手，要我專注前路，笑說萬一我失足，他可承不住我下滑的重量啊。如今，他的義肢下架了。他把長褲管捲至大腿，一層又一層解下纏繞在截肢處的軟紗巾。最後兩圈，紗巾上已見滲血的痕跡，他幾乎是咬著牙一寸寸撕下。這是我第一次親眼目睹聰民的職災遺址，新的傷疤蓋住舊的，淤青與汙血互相沾黏。原來這一路的摩擦過度，已然將義肢與傷口的接連處都磨破皮了，血漬星星點點，在白紗上特別醒目。痛。

那痛是任何一個摔跌過的孩子都知道的刺痛，磨掉一層表皮，撞擊處微血管爆破，淤塞的血。那烏青的腫脹，顯見不是一次性的摔撞，而是積累的磨損，咬著牙，繼續磨。

「一定痛死了。」

「你這不是廢話嗎？」他說，瞥了我一眼，教導小孩子般說明：「現在不趕快撕開，晚上紗巾黏住皮膚了，要撕開像撕一層皮，更痛。」

「怎麼都不說一聲？」

「說了能怎樣？你又不能幫我走。」

師父倒是看慣了，拿一瓶褐綠色的藥膏給聽民塗抹，招呼我們吃完齋飯再下山。隨即拔了些野菜，轉身隱入廚房。

我瞪著聽民的傷口，眼睛好痛。像是目睹中途致殘者的練功，一次又一次的磨損，硬碰硬，渾身汗，使用原本不熟悉的身體部位代償，外觀看來與常人無異，但心力已然耗盡。

「我一路都在哎哎叫太累了，」我站起來，到廚房向師父要了一只毛巾，拿山泉水浸濕，返回來遞給聽民，忍不住說：「你一定覺得很煩。」

「對。你實在好吵。」

「可是你聽下去了對不對？所以好幾次調慢了速度配合我，有時停下來吹吹風。」

「還吹風咧，看你根本就是走不動了。」他對著傷口以掌搧風，像可以止痛似的，挑眉說：「你真的很弱欸。」

「知道我很弱，你才會慢慢來，讓我跟得上啊。」

「以後多練幾次就好了。」

●

等聽民抹淨了脖子，我把毛巾拿回來以山泉水再搓揉沖洗了一遍。遞給他：

「只有我哎哎叫，你腳痛卻隱藏不說，不是太不公平了嗎？」

「朋友不就是要彼此照顧嗎？你不說，我怎麼知道要怎麼做比較好？」

「習慣了，沒什麼。」

「現在這樣就好。」

「一點也不好，我以後會很小心觀察你，怕你痛了卻沒說。」

「你很煩。」他把毛巾丟到桌上：「我就是不想被另眼看待。」

不想被同情，不想被可憐，所以硬撐著假裝沒事。有時候，真的別人也就以為都一樣，沒顧慮到他雖然年輕，畢竟無法走太遠太久。不是體力的問題，是肉身和義肢的摩擦硬碰硬，卻被長袖衣褲遮住了。看不見，看不見很容易就輕忽了，看起來倒像是痲木。

「你是怕開口了，」我不肯讓，再逼上去：「會拖累到我嗎？」

「是你拖累我吧？」他大笑：「等人的是我欸。」

後來知道了，不可能要聽民敲鑼打鼓求人幫忙。真迫切需要時，有人懂得求助，有人不懂得，不擅長，不會。許多會員平日戴著義肢、穿上長袖襯衫，只有來到工傷協會才稍有放鬆，讓悶在不透氣塑料義肢裡的臂、肘、腕、膝、小腿……有個自在透氣的機會。沒有人會盯著看，也沒有人會假作無視。

我們都習慣了不完整的身軀，遇到全身完好的初來者，還會反射性地追問：

「到底你是，你是傷在哪裡啊？」

彷彿殘損是通關密語，有共同的標誌才好放心確認是失散的同路人，以免表錯情、會錯意，雞同鴨講。辦活動時，大家也會彼此調笑、自嘲，尋常人家日常事：失去雙手的，學會雙肘夾緊筷子吃花生米，但如廁後自行擦屁股卻是學不來的事；癱坐電動輪椅的，說起捷運地下街地板太滑，車速要控制好才不會撞傷直立人；那四肢健全卻灼傷臉頸的，因著傷口的蟹足腫每半年就要手術切離沾黏的血肉，分期加總的疼痛算是贏過所有一次性切除的身障者；還有看不出肢體外傷的職業病，積沉體內的鉛中毒悄悄偷走了記憶力，下次見面認不得人別怪我啊……。凡此種種，習慣了也就不以為苦，把差異視為當然，讓破損也能自在。

「可是你不說痛，我就失去學習如何善待你的機會了。」這是我沒能說出口的話。

「你要默默觀察，偷偷學，不要讓我知道。」我彷彿聽見聽民靜默地回答，如揭開一則謎底：「但我一定會知道。」

山上的風，吹過聽民傷疤上的草藥，傳來薄荷香。師父的飯也煮好了。

多麼重要的事

阿通受傷很多年了。他是台電外包工，修電線時一萬一千伏特的高壓電擊從雙手進，火一樣燒過全身，最後從右腳出。右腳掌因此被截掉一半，平時穿上鞋子看不出來大礙，但平衡感差了，疾走時重心放不穩倒像是跛了。

最不方便的還是電流入口的兩手。他是技術工人，勞動時全賴腰袋上一整排工具，一伸手就知道哪個方向會抽出什麼法寶，靠的是及時判斷，巧手慧心。一般人所說的重體力勞動，事實上不只是體力，工作環境狀況百出，臨場反應要準確、到位，手腦都同時高度消耗。所謂經驗，無非是結合判斷力與技術能力的巧功，心到手也要到得了才行。但現在，他攤開兩手，再無長袖遮掩的掌心與手指都扭曲變形了，末梢神經被電流嚴重灼傷，連口袋都插不俐索。

「這根、那根手指頭，都沒力了，沒什麼用啦。」他用力甩著臂膀，下垂的腕力像千斤重：「我不願意截肢，不好看。但留著手臂，其實也只剩下好看而已。」

工傷協會成立於一九九二年，解嚴後烽煙四起的社運狂潮中，組織工傷者、職業病患者、職災亡者家屬，推輪椅、捧遺照走上街頭抗爭。在這裡，各行各業各式傷害都有，多數工人在壯年、盛年時期，因一場事故就從職場掉落下來，眼前盡是難關：求償無門的憤怒，陌生的殘缺與疾病，以及條件崩塌的未來。

工傷者要適應新的身體，還要承受職場失敗的身分，雙重打擊經常不知道哪一邊的天秤重一些？又或者，哪一邊多長出了些砝碼去抵抗挫折，不至於太快被全面擊垮？至於未來，過往設定的未來，大抵要刪除重來了（還能重來嗎）。

工運組織的作用，多在立即可見的職災求償上協同使力，不讓受傷的人落單。雖說集體抗爭總是輸多贏少，但盡力了，行動了，至少知道這是制度出問題而不是個人的錯。在集體中，個人的挫折經驗，揭露政策之惡，甚且可能匯聚成社會變革的武器。就算尚無力變革，整個過程也都是政治的、公共的，說來理直氣壯，不孤單。

唯有身體的扭曲折損，只能隻身摸索，在「恢復原狀」已然無望的悲傷中，找出與新的身體相處的模式。

「人家看我雙手都在，以為沒什麼，其實連給自己洗臉都沒辦法。說出去誰相信啊？」阿通脫了鞋，讓長期因姿勢不正而緊繃發癢的半截腳掌透透氣。平日寡言羞赧的他，說起自己初出醫院時，最苦惱的事竟是洗臉後毛巾沒辦法自己扭乾。濕淋淋地就隨手掛著，自然風乾，隔天早上直接沾水抹臉，再泡水擠壓後披上椅背晾掛。可想而知，那個周而復始地使用、卻完全沒有搓揉扭淨的毛巾，絞藏了多少髒汙與異味？但是那時候他自覺拖累家人過多，只能凡事咬牙湊和，坑坑疤疤過著假若平常。

大約花了半年多的時間，阿通才總算學會利用手肘與部分手指間槓桿原理，一點一滴，終於可以自己擰乾毛巾了。

「這對我，真的是很重要的一件事。」事隔多年，他細細述說那個找到使力點的細節與動作，仍不免得意：「試了好多次，練了好久，才找出最好的方法。」

「好聰明啊。」我想像那個巧妙的使力槓桿，興緻勃勃追問：「會很有成就感嗎？」

「會！」他說，自顧自又笑了：「但我要說給誰聽呢？沒有人需要這個技巧，沒有人覺得擰乾毛巾有什麼重要。」

●

只有在工傷協會的談心會，大家都聽懂了阿通的話語。不但懂得，還召喚出更多平日說不出口的心聲，此起彼落。「我也是，剛從醫院回到家時，連張紙都拿不起來，吃飯只能趴在碗沿，像狗一樣。小孩子都不敢過來認我。」國楨也是高壓電擊傷了雙手，那時兒子才六歲。

他在這家上櫃上市大廠裡已工作十餘年，職災補償沒全額拿到，但工作是保下來了。不料醫療結束返工後，國楨被編派至可有可無的職務上，考績落到丙等，加薪與升遷再也無望。像是一種懲罰，罰他手腳不夠俐落好用，卻沒檢討不斷電維修作業折損了他的身體。我與國楨並肩作戰多年，深知職災對他日後就業、婚姻的一連串骨牌效應，生命中無力挽回的土石流崩塌。那些無從怪罪的失落，那種凡事只能自責的挫折，我都知道。

但現在，我聽到國楨幽幽說起未曾言說的心情：「受傷後，我花了好長的時間，好不容易訓練到能自己穿襯衫，順利把鈕扣一顆顆扣起來，也是好有成就感。可是，別人只看到你行動不方便。」

面對傷口，人們若不是視若無睹，以避免尷尬；就是熱心想幫忙扶一把，彷彿看不見你也在努力。受傷的人，總敏感到假作平常的寒暄終究只餘表面客套，不然就是自覺被弱化為只剩單一面向的求救者。他人不管怎麼做都像是在否定，否定你的殘缺不全，或否定你的自主求生，多做少做無非都印證了你的不完整、不合格。

有一陣子，國楨的妻要我去勸他振作些，不該天天釣魚看武俠小說逃避現實。人們總樂見受害者努力向上，就算成功無望都不能失志，怕一蹶不振，怕徹底成為廢物。這些都是好意，但這好意如此沉重，受傷的人只能反身自責不夠好。一般人上班常有打混，生活也不免得過且過，但失業者若不積極求職，就像是一天二十四小時都在荒廢度日，沒有生產力。看小說、釣魚原本就是國楨閒暇愛做的事，如今看來卻全是逃避現實的證據。他委屈地對我一一訴說求職的現實：去了十次就業博覽會，拿回十個勵志馬克杯，受損的勞動者掙不到一次面試的機會。一次又一次的徒勞無功，揭露了自由的就業市場原來是騙局一場，用壞就丟才是常態。

他因此不出門了，自責還是在，有時甚至要假裝出門求職，為讓家人放心，也為抵擋不自愛、不上進的罪名。

「我一直在努力，努力把身體變有用。但沒有人知道。」

談心會打開這個話題，大家都有說不完的故事，過五關斬六將，驚心動魄簡直像武林大會，愈艱難愈說得眉飛色舞。他們的褲管拉高了，斷臂舉起來了，相互彎腰俯身、湊身細看，私下苦練的秘笈大公開，互有啟發。這些，無人知曉的努力，沒人在乎的成就。

撿起一張紙的成就感。扭乾毛巾的成就感。扣好一排襯衫鈕扣的成就感。練成左手寫字不會大小不一的成就感。改裝三輪摩托車的腳踏式煞車，一路靠自己從台中騎到台北的成就感……這全是耗盡心力才磨成的獨門功夫，不可思議的嘗試、創造、想像，從無數次失敗中找出改善之道。

過去的經驗全作廢，肘關節要如何掌握那個微妙的施力點替代手指？要觀察，要思考，要勇於突破，要不畏探索，和陌生的新身體既對抗又合作，終至和解共存。有時候，一個月下來只成就了這個不求人的技能，大大的里程碑。全世界只有你知道這多麼得之不易。

知道了又怎樣？沒有人來詢問你的努力，大家都勸你不要想太多，都要你放下，要你重新出發。你的自我鍛鍊與成就，人們沒有相同的經驗值來看待，無以評比與評價。他們甚至不知道同樣是截掉雙手，有的人可以改裝方向盤開車，有的人不行，差別很可能只是截肢點在肘上還是肘下之間的五公分差距。正常的人看待身障者，只有殘與不殘的差別，但你進入了更細緻的觀察。你知道，不截肢而保留了手的外觀完整性，其實會增加復健的困難。無力的肢體末端，很可能恰好拖累了尚有力氣的關節，只能進行不施力的簡易行動，還比不上截掉後關節反而能巧妙有效地槓桿運作。

人們總是看見少了什麼，只有受傷的人，自知多長了什麼能力。這個能力，需要訴說、炫耀、分享、傳承、被肯定與認同。在集體中，傷口不只是傷口，受傷的人相互協助與學習，對世界多一些行動改變的想像。生命的陷落與低盪也可以是資糧，得以貼近別人的處境，承接他人的難處，照見結構的局限，共同長出行動的可能。這是，多麼重要的事。

騙錢的婦人

她一面說著話，一面就走進門來了，熟悉的模樣像是熟門熟戶的老朋友。工傷協會的大門，平日從不上鎖，會員們進進出出也習以為常。她的樣子，太家常、太像會員或家屬，運動褲、長袖T是市場裡一套二百九十的尋常裝扮。我腦袋裡轉了兩轉，才辨識出她原來正在大聲地自我介紹。

「我是張木清的太太，弓長張，木頭的木，清水的清，張木清是工傷協會的會員，兩年前我和他一起來過。」她站直了微胖的身子，在我們略嫌局促的辦公室正中，環顧工作同仁，偵探誰才是她要繼續說話的對象。

「哦，張太太，」國楨率先站了起來，想引導她走向會議室：「歡迎你來。」

她不理會國楨的示意，繼續站著，幾乎是一口氣把話說完：「張木清現在在新竹工作，兩個禮拜才回來一次。現在慘了，小孩子生病要看醫生，我真的沒錢，請你們先借我五百塊，三天後張木清回家就來還錢。」

她的聲音洪亮有力，不容質疑。急救的掛號費、部分負擔、車資，五百元是個不過分的要求。我興味地看向她，好有力量的女人啊！她借錢，但如此理直氣壯，絕無乞憐。

她正面迎戰我的注視，再接再勵：「我就住在這附近，金華街口，小孩子在家裡等，全身發燒，等著看病。」

一個發燒孩子的母親！大家都被突來的熱度燙得坐立不安。

這是真的嗎？我猜想大家都浮起這個疑問。近來協會已多次被衣著不整的流浪漢、乾淨整齊的推銷員騙過，大半是看準了「工傷協會」的招牌多少有愛心色彩，上門來借個五百、一千買車票或急用等，個別的工作者視自己的能力及判斷，拒絕或出借，後來再也沒人來還錢。這個女人，是真的嗎？

「啊，」芸屏不安地拉張椅子給她，說：「你要不要先喝杯水？」

「我們的會員名單裡，沒有張木清啊。」眼睛一逕盯著電腦螢幕的小卍，遲疑地開口了。

「張木清，左手四根手指被沖床機壓斷了，大前年十一月二十九日出事，我陪他來過。一定是你們不小心漏掉了。」她不坐，氣勢逼人地站在辦公室正中央。

她說得對，上門求助的工傷者，不一定會填寫入會申請單，再說，我們服務的對象也不僅限於會員。只要是職災勞工及家屬，我們都會陪同一路前進。

「張木清的傷口還好嗎？」幸玲也站起來了，試著與她對話。

「斷了手怎麼會好？這種事遇到了也沒辦法。」她阻止了幸玲想再往下發展的話題，快速轉入正題：「少一隻手不好找工作，張木清上個月才到新竹這個工地做。」

「啊，在工地做什麼，安全嗎？」雅婷反射性追問。

「危險也沒辦法，要生活啊。」她頓一頓，加強口氣：「只要三天，錢一定會還你們。小孩子現在就生病了。」

生病的孩子……只不過是五百元……但被騙的感覺真差……她說話太流利了不像是真的……可如果是真的怎麼辦？……協會裡，個個都是上街頭拉布條抗議、和工傷者一起與資方律師談判的組織者，不畏權勢；和會員相處的經驗裡，也不乏與亡者家屬共同流淚、撐住肢障者一步步走上樓梯的記憶，貼近弱勢。而這個女人，態度是強的，處境是弱的，她要的東西如此明確，不多，可她要的方式是敲打你的同情，不少。現在，她明顯占了上風，斷掌的張木清與生病的小孩握在她手裡，我們在關係中進退維谷，給不給錢都像是欠負了她。

沉默。婦人的強勢令人難以柔軟回應，但同樣的，她的困境也使人無法斷然拒絕。即便我們都隱隱覺得，她流利的說辭有幾分虛假。

「我就借五百元，三天後還。」她再開口，雷霆萬鈞。

……………

「我和你一起回家看看孩子吧。」我站起來，順手揹起藍色大背包，裡面是電話本、筆記簿、文件夾，當然還有錢包。

辦公室裡明顯有鬆了一口氣的氛圍。小卍回頭看我，神情裡寫著：要不要討論一下？大家都擔心太多的詢問於她不公平，又不甘心只因一時鄉愿而被騙。我沒有深思，只是好奇，與其猜忌她，不如正面迎上，一探究竟。五百元，小事；借不借，怎麼借，為什麼借，是大事。偷懶、省事而濫用同情心，也不過是偽善。更何況，到宅探視，向來是我們貼近會員真實生活很重要的一環。我是真心想去看看張木清的家，看看生病的孩子。

「小孩子發燒了，我陪你送他去醫院。」我逕自走向門口。先前被卡住的客觀局勢有了小小的鬆動，大家都留意著她的反應。

「好啊。」她快步跟上，不忘回頭致意：「謝謝大家，再見。」

電梯裡，我知道了張木清這三年的生活。職災後，老闆不見蹤影，全家人只靠勞保殘廢給付勉強過日子，治療、調解、受挫、生悶氣、爭執、復健、再求職、再受挫、復健、求職……她說得瑣碎零散，沒有太多情緒，儘管前後有些不合情理的破綻，但記憶原就是破碎不牢靠的，重要的是她坦然大方，不容質疑。走出大樓的時候，我已然忘記原先尚有一絲檢視她的念頭，誠心和她討論如何處理緊繃的親子關係了。她家裡兩個孩子，老大國一上學去了，老二才小三，昨天就不對勁，今早沒去上課，她原本想睡一覺就算了，沒料到下午發高燒，只好跑來協會求助了。

「家裡連五百元都沒有。吃飯怎麼辦？」我有點急了。怎麼會，一點算計都沒有？怎麼會，周遭沒有其他支援系統了嗎？

「張木清本來上週要回來的，臨時老闆趕工，所以晚了幾天。我冰箱裡還有菜，吃飯也沒問題，但醫院沒辦法欠錢，只好向你們借，反正很近。」

深秋的午後，風微涼，陽光正好，我們慢慢走向金華街。就在紅綠燈口，我開口詢問該左轉還是右轉時，她開始局促不安了。

「嗯，其實，小孩子的病，去西藥房買個退燒藥就可以了。」

「可是你沒錢了。」

「藥房老闆認得我，欠兩天沒關係的。」

「我帶了錢，一起去買藥好了。」

「不必不必，我很熟，自己去就好。」

「都快到家了，我們先去看看孩子怎麼樣……」

「他沒關係，我去買藥了。」她大聲說，不看我一眼，急忙走向對街。

我企圖跟上腳步，她快速跑起來了，不回頭地揮手趕我走，像趕走一隻怪獸。

又一次，我進退維谷。啊，果然她是假的……我揭穿她了！

她一開始就猜到了這是一場測試，她賭，賭我不會為了五百元賠上一下午的時間走到她家。她賭錯了，我們確實忙，但我不是拿假動作來嚇她，我是真心要去的。我對張木清有興趣，我對這個有力量的女人有興趣，我站起身時就決定晚上再趕工把手頭差事做完。終於在接近謎底的時候，她放棄了，落荒而逃。

真相大白。我揭穿了一個來騙錢的婦人！

騙人被騙的攻防戰，天天都在社會新聞上演。她是個老練的賭徒，有時輸有時贏，可我直到這一刻才知道難受：何苦拆穿她？

不過是五百元的賭注，我若有疑問，可以狠心拒絕她；我若肯相信，可以善意回應她。何必逼人現出原形？我想張木清是假的，生病的孩子是假的，但她口中編派的故事多麼真實，也許她的家中也曾經有個職災截肢的親人，也許她就是那個不斷謀職被拒而喪志發脾氣的人，也許她也因為太晚匯出學費而讓孩子羞愧逃學……她穿著拖鞋與居家服，只是來試試五百元的手氣罷了。我的反偽善、反鄉愿，我的正直與坦誠，如利劍，逼那說謊騙錢的人繳械，落荒而逃。憑什麼我可以這樣逼她？

我站在通向金華街的十字路口，一時覺得深秋的陽光異常刺目，不得不以雙手蒙住出汗的眼睛。

死了一個原住民臨時工之後

預知死亡紀事

春天快結束的時候，我們走進海拔一千多公尺高的東埔公墓。陽光正好，整個墳場散泛青草的甘澀味，被拔除的草屍經過鎮日曝曬，些許暖意，幾分燥氣。

我與鏡中跟隨著布農女子伍美珠的腳步，從部落制高點的教會，一路走向邊緣，沿著柏油路岔入黃土小徑。右手邊是參差不齊的墓碑，黑底十字形，粗糲的碑面上鑲亡者容顏，正中是直排的姓名、生卒年月日，碑後有的尚存微微隆起的土堆，有的已然被數年後的新碑緊密相鄰；左手邊是茶園，春茶尚未採收，今年的雨水不佳，五月的茶葉都老了，與雜草混生，森森莽莽，質粗易碎，因為市價太賤，連採收的人工都不夠支付，只好任由漫山的茶田無節制地生長，似盛實衰。

這裡是東埔一鄰，八通關古道的入口，清領、日殖時期「理蕃道路」的起點。

一九八五年玉山國家公園設立後，以「維持八通關古道的完整性」為由，將東埔一鄰總計八十餘戶布農族人的家園，一併納入國家公園管理。素以溫泉聞名的東埔，在保育、旅遊為主的國家公園裡，世居於此的原住民若要泡溫泉，還得到部落外漢人開設的溫泉旅館花錢消費，農地的灌溉用水更無法引用公園內豐沛的瀑布水源，生活與生計都大受影響。

站在東埔公墓，極目遠望，是連綿的玉山山脈，稜線分明，雲開天闊；視線拉近些，是陳有蘭溪、沙里仙溪交錯削出的美麗河谷，一路沿山勢攀升的蔬菜、梅子、李子、高山茶等部落農作；聚焦眼前，墓碑上鑲嵌著史文秀生前的相片，濃眉、方臉、茂髮，望向遠方的眼睛，像恆常陷入沉思。墳前是他罹難時穿的厚重靴子、隨身攜帶的登山背包，經過逾年的風雨，背包早已褪色，隱隱長出青苔了。

好大的鞋子，我心裡想，這是一雙常年在山間行走，厚實有力的布農獵人的腳。車禍發生後，人們將史文秀與史亞山自壓扁的車廂裡拉出來時，亞山的右腳骨都碎掉了，一命倖存，而文秀就沒能再醒過來了。

現在，史文秀的墳上，開滿了日日春、萬壽菊、海棠，紅紫黃綠煞是繽紛。新土新植，生意盎然。

「那是伍淑娟從山下買來的花。去年文秀下葬那幾天，天都沒下雨，怕花長不活，她每天都從家裡揹水過來澆。」美珠說，蹲下來幫忙除去雜草。

伍淑娟是史文秀的妻。我跟著蹲下來，「淑娟一個人生活嗎？」

「他們有一對雙胞胎兒子，都十歲了。」美珠邊挑出雜草，邊把我誤拔的海棠葉再植回墓塚：「還有婆婆需要照顧，生病了。」

一轉身，不遠處的墓碑上一名漂亮男孩的肖像吸引我的目光，他的名字是史文光。「好年輕呀。」我幾乎是喟嘆地悄聲說。

「才十九歲。」競中也站過來了。

「那是文秀的弟弟。他也是到山下工作受傷過世的，好像，也沒領到什麼補償。」美珠說。

我聽著布農青年史文光的故事，短暫的生命，來不及開展的未來。他是部落少數到外地就讀高中的男孩，就在畢業等當兵的空檔，到三義水庫工程擔任噴漿的臨時工，因工程設施簡陋，失足摔到山谷裡，就這麼死了。我只是不敢探問，史文光的屍體運回東埔時，不知是否齊整無缺？只知道事後包商草草賠了十餘萬了事，家人無言。

十年後，三十六歲的哥哥史文秀也發生工傷，就在高地作業後返家途中車禍過世，而承包商完全不認帳，什麼也沒賠。後來，我在部落裡認識他們的大哥史金龍，他殘缺的右手是初到都會討生活時，被機器壓傷而截肢的。史家六個兄弟中，就有兩個職災死亡，一個終身殘障。這在原住民部落，只是偶然嗎？統計數據說，原住民的死亡率是漢人的兩倍，「意外死亡」占最高比例。於是，聰明的漢人自動添加了許多合理的揣測：是囉，酗酒的、好打架的、低學歷的、不穩定就業的原住民！意外幾乎是必然。人們這麼說，打下句點。

汙名宛如便利貼，既好用，又偷懶。優勢者什麼也不必做，貼標籤無非是不加深究、視為當然，輕輕鬆鬆就正當化了現有秩序。山上的陽光這麼好，我在東埔部落，看見史文秀、史文光、史金龍、史亞山……一個個健碩的原住民兄弟，別無選擇地下山討生活，走入資本積累優先、降低勞動成本的競技場，一次又一次，以不可逆的傷亡作為老闆獲利的代價。

意外一點也不意外。那悲傷無聲的意料之中，令人渾身發冷。

天漸漸黑了，夜幕將至。

揹重物走山路，漢人是不行的啦

史文秀和史亞山是堂兄弟。國中畢業後，他們一如部落裡許多年輕人，都曾經到台中、台北打拚，在住商大樓、地下道工程、環山公路等營造工地流轉，販賣勞力以賺取生活所需。

九〇年代初，政府以缺工為名，開放企業主大量引進廉價移工，原住民更被推上失業浪潮的峰面。文秀和亞山退伍後，城市已然不容易找到工作了，他們先行撤離，回到部落，和同村的布農女孩結婚、成家，共同面對偏鄉生計的窘境：投注全家人終年辛勞的農作，在不平等的產銷結構裡，被中盤商一再削價抽成。市價高昂的優質高山茶，兌換進入茶農口袋裡的，連基本維生都有困難。

亞山父親留給他的三分地，全年種茶所得不到十一萬元，「還不包括肥料、人工費用。」亞山說。

回到部落後，他們的身分被納入勞動統計高達百分之三十的「原住民從事農、林、漁、牧工作人員」，彷彿就此安身立命。事實上，農作價賤的事實，逼使部落原住民不得不兼打零工以維持生計。但官方資料中，大量部落原住民身分轉換為

「務農」後，就輕易地從失業率的分母數刪除了，享有農保的福利，也同時意味著不得在打工時加入勞保。也就是說，當下原住民失業率較平地工人高出兩倍的數字，掩藏了太多「不完整就業」的黑數；而部落農民的工傷，也無法呈現在勞保的統計數字裡。

農閒時分，東埔部落的青壯男女，常態性地等候在臨時工市場，待價而沽。一旦有漢人做不來的高地勞動，就有小包商到部落裡找人，按日計酬。

「揹重物走山路，漢人是不行的啦！」東埔一鄰的鄰長柯進平說，下意識流露出布農獵人不擅誇耀的得意與自信。

一九六九年，交通部氣象局在玉山北峰海拔三千八百五十八公尺處，設立全台最高的氣象觀測站，之後又增設太陽能板，自立發電以維持觀測運作如常。許多登山客都知道，若要攀爬玉山，塔塔加是車行最終站，再來就得徒步上山，起碼要花上四、五個鐘頭的路程，才能抵達北峰。即便是搭乘直升機，北峰機坪距氣象站台也有幾十公尺的陡峭山路，重物搭機直上山頂，卸貨後仍需要人力負重攀行長路。

崎嶇山路上，多依賴擅負重、走山路的布農族人，將太陽能電瓶及配件分批扛上北峰。基於地緣之便，東埔一鄰最常受氣象局徵召，將觀測站所需要的物資、食材補給，以獵人的登山鋁架裝載妥當，一次次送抵最高峰。

一九九八年四月間，鑫閃公司承接北峰氣象站太陽能電瓶運輸工程，山上積雪未融，工程早已落後，緊急透過氣象局官員至東埔部落召募臨時工，一天工資三千元。彼時春茶才剛收成，部落裡的人多數沒有自己的烘製廠，只能將高品質的茶葉論斤賣給漢人經營的製茶廠，偶爾再受聘於工廠充當曬茶、揉茶工。或者，就是不定期的登山揹工、公路修道工。忙完春茶，文秀與亞山就應聘鑫閃承包的氣象局工程了。

上工第三天，文秀和亞山天未亮就從東埔一鄰開著農用小貨車，直抵塔塔加。凌晨五點開始工作，他們將重達七十公斤的太陽能電瓶，一支一支地扛上直升機下的大型吊籃，運載至北峰再交由另一組工人們揹著電瓶，走最後一段路程。從塔塔加停車場到臨時機坪，一人一電瓶，彷彿是兩個體重相當的人扭在一起搏擊，扛著走，走著扛，汗水滴落機坪都來不及被日光曬乾又濺上新的。他們一路忙到下午二點，山上起霧了，領班宣布停工。

從塔塔加返回東埔的下山車程中，副駕駛座上，文秀已然疲憊陷入昏睡。亞山開車，順著山路滑行一個多鐘頭，即將經過和社時，小貨車突地打滑，橫越馬路，撞上對向車道旁的電線桿，跌入山溝裡，整個車頭都壓扁了。亞山胸部嚴重挫傷、右腳踝粉碎，文秀則傷重身亡。

幾天後，老闆託人轉交一萬八千元到醫院，那是亞山和文秀工作三天的薪資。其他的，沒有人要求，沒有人提供，連勞保都沒有。車禍案被警方當一般的意外死亡呈送法院，受傷的駕駛亞山進出法院多次，最後被判定：「因過失致人於死，處有期徒刑六個月。」易科罰金還由美珠四處籌借，才免去亞山的牢獄之災。文秀的遺孀淑娟，在部落的親友協力辦完喪事後，繼續帶著兩名幼子下田、做長工，獨自謀生。

當時任職於南投家扶中心的競中，每月一次開車上山進入東埔部落，為淑娟家兩名稚子送上低收入戶的扶助金各六百元。偶爾，競中和亞山一起沿著聯外道路散步，他們各自眺望沙里仙山谷，久久不曾交談。一年後，競中辭去社工員工作，北上投身工運組織，積極連結工傷協會、工委會關注原住民勞工議題，尋求改變現況的可能。我們於是共同上山，繞行六個多小時的車程，進入國家公園深處的東埔一鄰，趕在兩年職災求償期限前，和族人們討論職災勞資爭議與相關行動。

真的可以爭取嗎？依法有據嗎？沒勞保的臨時工也可以求償嗎？

「我很怕，怕遇到警察，怕又要上法院，怕亞山又要被關。」美珠原本是退縮的：「我看還是算了吧。都已經兩年了。」

倒是亞山說了：「我自己，慢慢可以走路，可以工作了。可是伍淑娟太辛苦，如果還可以爭得到什麼，就為她爭吧。」

淑娟不在場，她在家裡照顧婆婆吃藥。雙胞胎雅瑟、雅各從屋裡跑到屋外又跑進屋，和亞山的孩子們追逐玩鬧。

從塔塔加返家的山路

塔塔加停車場上的偌大空地，就是直升機起降之處了。

「那時候，電瓶用大卡車從山下運到這裡，我和文秀就負責把電瓶一個一個揹到直升機的大籃子裡，再由直升機吊起籃子飛到北峰。」剛自醫院手術拿掉腳踝內鋼釘的亞山，跛行著模擬當年的勞動現場。

車禍一年多以後，亞山和美珠引領我們來到塔塔加。從海拔兩千多公尺、微寒的塔塔加，一路回溫，返回東埔部落。沿途的林相豐富多變，蟲鳥交織的聲景也很動人，不時有猴子吱吱作響地穿過山路，凌空躍向樹林時還頻頻回首。將近名社前，車子在過了隆華國小斑馬線二十餘公尺的路邊停了下來。出事地點就是這裡了。

那個道路看起來如此尋常，那個溝渠看起來這麼不起眼，電線桿被撞修復後仍在原址。近午時分，有孩童成群走過，一切如常。亞山的神情凝重，他指著前方的斑馬線，說：

「我還記得車子開過那條斑馬線。對，到那裡，我都還記得。」亞山的聲音異常憂傷：「之後，就再也沒有印象了。不知道，怎麼會撞過來……」

夏日的玉山山脈如此美麗，環山公路有清風拂過山壁，穿過樹梢，吹動我們的衣襟。亞山喃喃自語地陷入自責：「我一定是打瞌睡了。連續好幾天都沒睡好，一早三、四點就要出門工作，真的太累了。我一定是，打瞌睡了。」

被腳踝斷裂的劇痛驚醒過來時，亞山還清楚記得：「我的身體被壓在座位裡，沒辦法轉動，可是我聽見，堂哥的呼吸聲，很大聲的呼吸聲。他那時候還活著！」

送醫急救後，亞山的情形也沒有好到哪裡去。他的胸部嚴重挫傷，在加護病房住了一個禮拜，不醒人事，性命垂危。關於文秀呼吸聲的記憶，支撐他的求生意志，活下來。

「我本來就是很膽小的人，可是發生這樣的事，就要勇敢承擔下來。每天每天都待在醫院，三個孩子就由媽媽幫忙照顧。」美珠的眼睛漾著光影，驚痛的往事歷歷在目：「醫生說，亞山能不能活就要靠他自己的求生意志。我們不敢告訴他文秀死了，騙他說，文秀在另一家醫院急救。」

每個人進病房探望亞山前，美珠都先擋在門外三令五申，不准任何人走漏風聲。直到原本病危的亞山轉入普通病房，總算確定保住一條命了，警察才來問口供。

「我很害怕，心臟像是要跳出來一樣，全身都在發抖，怕亞山會怪我騙他，更怕他會受不了堂哥已經不在了。」事隔年餘的初夏清晨，我與美珠在他們潔淨的、面向山野的小廚房裡準備早餐。她提起當時的情景，身體縮瑟，眼眶泛紅，像犯下的罪行即將被揭露。

健保給付的三等病房，人進人出，淡綠色的布簾拉攏後，亞山腳上包裹石膏、平躺在白色病床上，接受問訊。主要的問答都集中在行車過程，完全不考慮這是工作後返家的通勤災害。當警察漫不經心地直稱文秀是「死者」時，亞山的臉一瞬間漲得通紅，血液直衝眼框，再也無法回答任何提問。原來，他才是那個自責犯了罪的人。

事情過了就過了嘛

「東埔一鄰那件事啊，死了一個原住民對不對？」

問清楚職災是發生在下班後途中，與提供直升機的廠商沒有關連，中興航空公司的經理明顯鬆了一口氣。他很快地調出了直升機起降紀錄、相片、飛行員簽到本、收據，並熱心地佐證：「工程都已經延後了還發生這樣的事，實在很麻煩。收工下山時出的車禍對不對？原住民工人一定是喝了酒。」

相同的「原住民工人一定是喝了酒」的說法，後來在氣象局、勞委會、立法院，一再地被官資雙方提及。漢人刻板印象中閒散的、耽酒的、不負責任的原住民，出了事怎麼能怪老闆呢？人們不約而同，不假思索，順手就拿起汙名便利貼，阻擋進一步探究。

偏偏亞山不喝酒。部落裡人人都知道，亞山不但不喝酒，連菸都不抽。

事發一年多，鑫閃公司早已易主，原合約上負責直升機運送的台北航空公司也已搬遷，相關資料與相關人士幾乎是一片空白。輾轉找到鑫閃借調直升機的中興航空公司，我們在布滿漂亮機型相片的松山機場辦公室裡，查閱一九九八年四月十日的飛行紀錄：機型BK-117的直升機一早六時抵達塔塔加，二千三百八十二公斤重的貨物上了飛機，再飛北峰。

如果以一個太陽能電瓶七十公斤計，兩個人光是裝貨就要來回三十四趟。連續好幾天沒睡好的亞山與文秀來回奔走，文秀應該是穿著他墳前的那雙大登山鞋吧？收工下山的路途中，松鼠一如往常在林木中穿梭，亞山開的二手小貨車，是年初時文秀好不容易才存錢買下來的，承載著未來種茶、運貨、打零工、上下山看病或看電影的便利夢想。

競中代理亞山申請勞資爭議調解後，南投縣政府輕鬆轉來一紙公文：「資方表示……車禍應找肇事者求償。」要求亞山出具醫生證明、警察局筆錄，及勞雇關係證明等。

美珠嚇壞了，車禍的肇事者就是駕駛的亞山啊，難道又要遭法院傳喚出庭嗎？一般包商到部落找臨時工，怎麼會有「僱傭證明」？口頭契約要如何舉證？直接與包商接洽的工頭就是文秀，死無對證怎麼辦？

「最倒楣的就是我，你們原住民以前在山上打零工，還不是都沒有勞保？只是剛好這次被我遇上了。」鑫閃公司新任的孫老闆完全不清楚狀況，也確實自覺冤枉。他接收這個新公司，還沒來得及賺到錢，就要處理前債未清償的惡果。他攤開雙手，不疾不徐地說：「之前的馮老闆到大陸作生意去了，我也找不到人。這件事我根本不清楚。」

中央氣象局的反應雖然客氣，卻也推得一乾二淨：「發生這樣的事，我們感同身受。若要我們成為勞資爭議對造人，那就抱歉了，氣象局又不是資方。」

我們在南投縣勞工局、勞保局、中區勞檢所、鑫閃公司、航空公司、氣象局、交通部、勞委會四處碰壁，多方函文、找證據，重新拼湊事件的經過。氣象局官員不高興了：「這件事我們當初就知道了，也沒有人有意見，事情過了就過了嘛，都一年多了，那個工程早結案了，工程款也都結清了。你們幹嘛把事情弄得這麼複雜？勞民傷財，我們還得花錢找律師出席調解會議。」

「氣象局長期找我們去做工，出了事卻完全不管我們的死活！」東埔一鄰的朋友們終於生氣了。

他們都是部落裡少壯年輕的一代，也是當年與文秀、亞山上山工作的同伴。他們都到過都市工作，又回到部落務農，眼看著部落裡土地、水源、產銷等問題無法解決，現在更意識到大量的工傷原來不該獨自吞忍。他們自行組織起來，成立非正式的「東埔布農文化促進會」，想為東埔一鄰做點事。不料第一件差事就直接對上交通部氣象局。

晚上，我們坐在亞山家的客廳，仔細討論相關法令與困境時，促進會的朋友們都趕來開會了。書面請願無效，依法調解無效，不得不集體遠赴台北抗爭時，大家認真盤算：週三農會開市，不好動員；五月剛收完春茶，六月整地施肥告一段落，八月要剪夏茶，九月收成番茄與敏豆，十一月偶有狩獵需求……都是天大地大的事，都要避開。抗爭時序奇妙地配合山上農作的生長，採收時節幾乎動彈不得，作物天天熟成，晚一兩天都老了，賣相差口感差價錢更差，一季的辛勞全毀了。

偏鄉赴首都的抗爭成本高，往來花費更要仔細考量：要想辦法排除教會長老的壓力，爭取部落群眾的支持，向教會借兩輛九人座可以省下交通費，晚上借住工委會辦公室以節省住宿費，吃的不愁，部落婦女會幫忙製作糯米糰、水煮玉米、火烤番薯……。如此精心策劃，時間要抓得很精準，行動要設計妥當，一次北上就要接連兩天抗爭與談判。若沒有結果，就返回部落商討下一波，下一次的農閒時機。

促進會發言人美秀說：「這不只是為了你們，也希望以後原住民不要再受到這樣的漠視與傷害。」她是來自台東的阿美族人，嫁入東埔的布農部落，落地生根，成為集體的發言人。

次日清晨，淑娟與我相約至部落入口的農地採收果蔬。雨後的青椒田，水洗過的竹架與綠葉，清爽明淨。她俐落地教導我如何揀選成熟的青椒，用小剪子沿果柄裁下，說可惜我們這次來沒能採到番茄了。她是一年四季茶葉、番茄、敏豆、青椒輪流種植，永遠有農事要忙。文秀死後，更忙。

拿回台北的青椒，我學著競中洗淨生吃，先是苦澀的青草味，入口後滋味竟是甘甜鮮美。我們聚集在工傷協會，邀集工委會、希望職工中心、台權會、倉運聯及都市原住民組織，共同密集開會，一起作海報、排練行動劇、整理資料，也分食山上帶回來的新鮮蔬果，苦澀而甘甜。

亞山的眼淚

「受害者代表史亞山先生，你要不要說幾句話？」冷氣房裡，西裝筆挺的勞委會官員在作出總結前，客氣地訊問。

之前一個多鐘頭，立委、氣象局、交通部、原民會、勞委會等各部會官員反覆進行了職災的法律釋疑，冷硬，抽象，不容反駁，來自外太空。

「謝謝大家努力的討論。」一直沉默不語的亞山，總算抬起頭了，他拿起放在桌下的吉他，客氣地說：「我想唱首歌，表達我們原住民的心聲。」

未經演練，二十幾名來自東埔一鄰的布農族人都抬起頭了。他們或站或坐，自然地形成聚集的氣流，順著吉他的前奏，齊聲歌唱：

我在靜靜的夜晚裡，思念我失去的朋友，
心裡的傷痛，不知如何好，
誰能安慰我的傷痛？
主耶穌，懇求你憐憫我，
醫治我心裡的傷痛。

亞山的眼淚毫不掩飾地掉了下來。適才的法律爭辯，像是被劃開表皮，揭露內裡的蒼白失真、自以為是，而布農族人回應以優美誠摯的歌聲。官員們面面相覷，主席不知如何制止，倉皇失措。原本百無聊賴的攝影記者們，紛紛亮起鎂光燈，快速連拍。

〈傷逝〉這首歌，是文秀死後，哥哥文雄為紀念他而創作的。史文雄是部落裡唯一正式受僱於氣象局的工人，全年有一半的時間待在北峰山頂，維護並記錄觀測站的運作。史家的客廳牆上，掛滿了文雄攝影的山景。「玉山真的好美啊，」他總是這麼說：「怎麼拍都拍不膩。」〈傷逝〉帶著複雜的傷痛，正是文雄在北峰值班時，使用太陽能板蓄積的電力，思念亡故的弟弟。不知如何是好，不知如何是好，那也許才是最痛的部分。

在〈傷逝〉唱進最高勞動行政機構之前，我們還沒能長出即興歌唱的自信，讓真實的情感帶動抗爭主軸。雖然也曾在行政院前舉行布農獵人的喪禮，跟著阿浪牧師吟唱聖詩，但那畢竟是排練好的行動步驟，突出工殤死亡的嚴重性。之後的談判也多沿襲過往模式，準備大量的事實證據與法律知識，一步步沙盤推演。屢戰屢敗，屢敗屢戰。

七月十六日，第一次的抗爭行動從勞委會前的「原住民走投無路記者會」展開。族人們半夜三點從海拔一千多公尺的高山部落出發，他們慎重穿上布農族的傳統服飾，二十幾個大人小孩擠在兩輛九人巴士裡，連夜趕赴台北。披星戴月，長途奔波，他們都早有心理準備，沒料到卻是進入市區竟迷路繞行了兩個小時，都市叢林簡直像迷宮一樣。

急壞了的他們抵達勞委會時，已然遲到半小時了。遠遠看見鮮豔的布條、聲援人潮、眾多的媒體時，亞山還疑惑著：「又弄錯地方了嗎？這些人是誰？」直到聽見數十名平地工人、外籍勞工喊出聲援口號：「工人鬥陣，車拚相挺！」，亞山才定下心來：「是的，這就是我們的工人團體。」

一跨出車門，美秀就哭了：「想不到有這麼多漢人來幫我們。」她以手背抹去淚水，接過麥克風，大聲說：「我們是來自南投東埔的布農文化促進會……」

淑娟帶著兩個孩子，雙手緊緊捧住文秀的遺像，毫不畏怯地直視相機鏡頭，快門聲此起彼落。我繞到布條後面，幫兩個孩子繫上抗議頭帶，淑娟側過身對我點頭示意，笑了。我發現，她的後背早被緊張的汗水濕濡了一大片。

接下來，是行動、協商，再行動、再協商……的繁複過程。

「怎麼這些大官，要踢一下才動一下啊？真的很懶惰捏。」幽默的萬壽作出不解的表情，像狩獵時遇到違反自然的稀奇生物。

大家都笑了。

若是用布農族語，我還會說更多

七月底，氣象局的函文總算來了：「鑫閃公司並未承認史文秀及史亞山為其員工，其勞資關係未明，當事人應提出工作證明以憑認定，否則一般人發生車禍，均要本局負連帶責任，本局將無法負擔。」

史文雄立刻請了假，連夜從北峰趕來台北：「氣象局的人都知道啊，包商就是透過氣象局請我向部落召募人手，文秀出殯時我的同事還送奠儀來，怎麼說是『勞資關係未明』呢？」

東埔部落的大人小孩在工委會打地鋪，又睡了一夜，隔天一早就到交通部去抗議了。亞山和治中認真排練街頭行動劇，大布條寫著：「氣象局保平安，原住民拉警報」，諷刺多颱風的台灣，各地氣象觀測台的指示，成為民眾防颱保平安的指標，可是全台最高海拔的玉山北峰觀測站的背後，長期為氣象局擔任電瓶裝運的原住民臨時工，卻拉起死傷累累的警報。

一向羞怯的淑娟也拿起麥克風說話，她背了一晚上的稿子，聲音發著抖：「史文秀是我的先生，因為我們那裡種水果、種菜的收入不夠養家，他常常幫氣象局打零工，揹很重的東西爬山……」

抗爭帶來協商的機會，族人們總算進入交通部的會議室，在空調得宜的屋內，有來有往地對話，並留下正式的會議紀錄。

負責接見的航政司官員，好整以暇地說：「你們要求以後外包工程要強制承商為工人加保，意見很好，我們會好好研究。」

「我們原住民都死了人了，你們還在研究！」美秀率先把話截過來，直接打斷浪費時間的官腔：「臨時工是我們原住民無法擺脫的命運，我們根本沒辦法靠農作過活，一定要打工才能送小孩上學。北峰氣象台所有的工程，都是我們東埔布農族建起來的，可是你們感謝過我們的付出嗎？史文秀墳上的草都長很長了，你們還是不聞不問！」

憤怒像陣雨感染了每一個人，平地的工會幹部、職災工人也接連發言。砲聲隆隆中，美珠開口了：

「我們原住民不是來討錢的。」她氣得握不住麥克風：「淑娟帶兩個孩子來，不是要氣象局可憐她、幫助她。她要的，她要的是原住民的權利，是職災勞工應該拿到的賠償。」

那一天，綁著抗爭頭帶，每個人都主動說到話了。雖然沒有具體結論，研究還是漫無盡頭，但集體發聲帶來的振奮，一直迴盪到事後的行動檢討。

「我嚇一跳，現在才知道我妹妹也會這麼凶。」美珠的哥哥說，像是耳朵忽然張開了，眼睛跟著看見了，心悅誠服，「實在好厲害啊。」

「國語很難說，若是用布農族語，我還會說更多。」美珠理直氣壯了。

午餐過後，我收到一封電子信函，來自氣象局員工。他說他不便出面，不能具名，但請我代向亞山和淑娟致意，他們贏得了他莫大的尊敬。稍晚，這名公務員在上班的空檔前來當面致意，提起七月一日氣象局才剛辦過五十週年慶，非常不以為然：「哼，五十週年表揚的全是局裡辦公室的職員，沒一個是山上的氣象員！」

隨後數日，來自花蓮、新竹各地原住民，主動打電話給布農文化促進會，為亞山和淑娟加油：「要堅持到底！」大家都知道，這是眾人之事。

鑫閃孫老闆私下對我說：「硬要玩法律，我問過律師，你們是玩不過的。沒有僱傭證據嘛是不是？而且這個公司根本沒剩什麼資產，你們就算花個三五年打贏官司，也要不到什麼錢。可是，」他搖搖頭，嘆了口氣：「可是我在氣象局看到史文雄，這樣一個根本不會說謊的人，寧可丟掉工作也要來抗議。我要為了這點錢，一輩子讓這些老實人心裡怨恨我，值得嗎？」

最後一次抗爭，〈傷逝〉的歌聲帶動所有人的情緒，勞資官三方暫停協商，原本的對峙張力，似乎有了隱微的流動。是什麼被鬆動了呢？也許是歌聲，也許是媒體壓力，也許是累次抗爭成果的積累。討價還價，鑫閃承諾拿出近期一筆工程頭期款，勞委會、原民會各自出具慰問金，勉強拼湊出合乎勞基法的職災補償金額。氣象局則提出，內部員工已針對亞山和文秀的工傷，主動發起募捐，總計十六萬元。那些匿名的鼓勵郵件，必然也在其中。

亞山與淑娟都說：「盡了力就好，謝謝大家。」

氣象局員工的捐款，基層互助的心意，該怎麼分配呢？我請官員先離席讓我們私下討論，有人建議對半分，有人主張亡者多一些，亞山和淑娟一直靜默不語。

走出勞委會，亞山特意留著和我並肩走，他平視前方，慢慢說：「捐款就全給淑娟吧，她太辛苦了。你去說，她比較會聽你的。這是我對文秀的一點心意。」

帶著孩子們到國父紀念館玩，淑娟也主動去找競中了：「你去跟亞山說，我說了他一定拒絕。募捐的十六萬都歸他，美珠要照顧三個孩子，沒辦法下田。亞山的身體還沒好，跛腳不好走，又常生病。我自己還好，還能下田，而且當初文秀留下的意外保險金還夠我們用。」她紅著臉，簡直是不好意思的模樣，怕說不清楚，怕傷了亞山的心。

過往的爭議談判，臨到利害關頭時，無非是捉緊個人盤算不放。東埔的布農族人在貨幣上如此匱乏，卻沿襲著獵人文化的傳統，成果公平分享，以需求衡量所得。後來，他們也不吝惜地回捐部分金額給教會、促進會、平地的勞工團體。工人秋鬥遊行，布農朋友們也不忘借車子趕來參與，每一次，還是半夜出發，每一次，還是在都市叢林中迷路多時。

集體行動的出口

亞山只有在談起打獵時，自信幽默且神采迷人：「鹿血是最補的了。獵到一頭鹿，先喝血，還是溫的，小心不能喝太多，會流鼻血。」

他說起他父親一回連喝了六碗鹿血，竟至暈倒的事，眾皆哄笑，意有所指。

「是真的，喝了鹿血後，一整個禮拜都很有力氣。」亞山說。停頓兩秒，再加一句：「我是說，走路的力氣。」並刻意提醒年輕的競中：「怕你誤會了，明天就自己跑去捕鹿了！」

東埔一鄰的傳統獵區橫跨八通關古道、陳有蘭溪和沙里仙溪一帶，在國家公園禁獵後，獵人文化在經濟上失去重要性，卻在族群記憶中被保存下來。只是部落裡的經驗傳承，往往要冒著違法入山、被逮捕的風險。很多人都記得，曾遭玉管處人員直闖家中、強開冰箱，搜出冷凍庫內的肉品作為罪證，逮捕狩獵嫌疑犯。那是生活遭到監視，日常再無尊嚴，文化存續的激烈衝突。

失去獵場的布農族人，不得不更依賴農作維生。亞山家貧，田地小，收成不如人，工傷後小病不斷，生計更形窘迫。

「小阿莉每天放學回家都快哭了，全班只剩她一個人，還沒交學費。」美珠說。春茶收成，就趕緊付清幼稚園學費。沒辦法啊，之前阿莉的哥哥就是沒上幼稚園，進了小學根本跟不上：注音符號怎麼其他人都學過了呢？有的人怎麼連九九乘法都會背？跟不上，被指認為笨，學期才剛開始，先學會什麼是挫折。

春茶賣得好嗎？

唉，亞山嘆氣了。從和社來的漢人茶商，壟斷山上的茶價，一年比一年糟，原本今年談了個還合理的價錢，結果商人算錢時竟硬指公斤為台斤，收入一下子少掉一半。

「平地商人實在是，太壞了。」他說。不作聲的人，都在默默點頭。

競中每上山必先在水里市場大肆採買，生鮮肉品蔬果之外，還加購感冒止痛消炎等日常藥品。美珠總也毫不遲疑先洗了一大盤水果，招呼鄰近的孩子們一起享用，午餐還沒煮完就叫孩子們去喊人共食。平地朋友們託送上山的玩具、衣物、書籍，美珠不曾推辭，分派張羅好就請左鄰右舍一起來挑揀，各取所需。

冬天才見美珠買了一籠初生小雞，每有平地朋友來就殺一隻，到入春就沒剩幾隻了。美秀知道亞山沒錢，也知道他們好客慷慨，拉了我說悄悄話：「下次帶米來。那麼多人都來亞山家一起吃飯，菜沒了田裡就有，肉沒了不吃就算了，但米不夠了還要花錢買啊。」

夜裡，烤豬肉的香味吸引大家聚在亞山家的前庭，吃肉喝酒唱歌。

「你們漢人比較聰明啦，我們原住民不會讀書，數學也不會。」彈一手好吉他的萬壽說著，又喝了一口酒。

「完全聽不懂國語啊，可是又禁止說布農族的話，只有趁下課上廁所的時候，拚命講。」一治中說。他是村子裡少數繞過茶商剝削，試著將家裡兄弟們的茶葉統合起來自製、自銷的。

「數學也是用國語說明，什麼是負負得正？聽都聽不懂，考試就完了。」亞山也忿忿不平了：「可是漢人就說原住民數學很差，其實是國語不好。」

「如果，學校裡考的是動物、植物的名字和作用……」

「那你們就不行了，大概我會拿第一名！」伍木松得意了。

一群孩子都已入學的男人，提起國小教育經驗，還是忍不住抱怨。山野間靈活的布農孩子，有獵人的敏銳，有黑白分明的雙眼，但是學校評斷的標準完全是另一套邏輯，在學校受教經驗幾乎都是受挫、受辱。

「山上很多老師都待不久，不認真的很多，還叫我們去打掃老師的家、幫老師的小孩洗澡，很奇怪捏。」治中的記憶鮮活。

近年來情形改善了些，部落裡的孩子功課比較跟得上，「可是，母語都不會了。」亞山憂心忡忡。

被迫揚棄自己身上的歷史，複製主流文化、加緊趕上，再回頭否定自身族群的特色與文化。政經優勢的意識形態全面掠奪，偏鄉部落幾乎無力抵擋。

淑娟也難得喝了些小米酒，手舞足蹈像個孩子，紅著臉又笑又跳。我第一次見到她這麼放鬆。喪偶的布農族女性，在部落裡承受的壓力並不比漢人社會少，這次抗爭一開始文秀的家人並不認同，娘家也頗有微詞，更有傳言說抗爭行動干擾了亡者的安寧，種種壓力全扛在她的肩頭。

「已經跟大家說好了，這不是我一個人的事，我不會退縮的。」淑娟承受壓力，隻身帶著雙胞胎兒子，一次次，上台北如上戰場。

「第一次用麥克風講話，我自己也不知道為什麼有那麼大的勇氣，就是看到大家都這麼同心，好珍惜好感動，我一定要趕快跟上來才行。」美珠說：「從台北回家後睡得好舒服，天亮很久才起來工作。」

她是教會裡唱詩班最出色的女高音，婦女會的重要成員。但亞山他們籌組促進會，討論村子裡水源、土地、道路等「重要大事」時，美珠只覺得法令、規定、懲處等問題都太龐大，有時聽也聽不懂，思忖著自己負責煮菜燒飯給大家方便就好了。直到亞山遭遇工傷，她被迫站到前線，整個人像被重新淘洗過一樣，「經過一連串的抗爭，我的膽子比較大了，部落的人也比較知道我們在做什麼，以後還有好多事要做。」

八月二十二日，文秀生日，淑娟帶著我們走進公墓。站在大登山鞋前，我低頭祝禱，相片裡的文秀，眉宇方正，不知是不是心理作用，多次來，就此次見他特別柔和。

「我希望他喜歡我們的抗爭和行動。」我小聲對淑娟說。

「對。他喜歡。」她笑了。

回台北的車上，競中說：「我覺得經過一場抗爭，大家都放鬆了。」

那場車禍，亞山一直自責害死了文秀。但淑娟也自責，若非文秀找亞山去塔塔加工作，亞山也不至於腳骨碎裂，無法工作。面對現實的無能為力，情緒找不到出口，唯有迴身自傷。亞山與淑娟都體諒對方，但不放過自己，無能為力的自責，何其殘忍。

行動帶來力量。憤怒、自責、自傷都透過集體的行動，找到力量的出口。盡了力，知道個別的人在面對什麼樣結構困境，知道共同行動可能帶來改變，而改變可能累積成更大的力量，再回到行動中前進。可以行動，可以改變，令大家都從自責裡解脫出來了。

一個月後的九二一大地震，天搖地動，東埔一鄰受到山谷保護，未有太大災情。但聯外道路全數崩塌，農作運送不出去，只能任憑腐爛，沙里仙溪的魚穫成為主食，大家整整吃了一個月的沙西米。災後重建期間，競中辭掉台北的工作，移居東埔部落，協同前進。促進會正式立案成立協會，組織族人修建道路、自力造屋，共同蓋出美麗寬敞的部落教室，推廣布農文化，以及學童的課後輔導。

當年的工傷抗爭主力，成為部落重建的實踐者。那幾年間，族人們為了溫泉、灌溉、飲用等水源問題北上抗議，部落集資出動了兩輛遊覽車。就在行政院前，木松手持麥克風帶大家喊口號，亞山負責攝影，治中發放新聞稿，美秀花了整整三天草擬宣言與訴求。當部落代表進入行政院談判，在廣場上等待的族人們，就由萬壽以吉他伴奏，美珠帶領眾人在台北街頭又唱又跳。沒在怕。

過去不曾遠離，害怕也可以帶在身上，繼續走。就算我們都知道，內部的衝突與矛盾、分裂與爭執，將在未來一一浮現。但現在已經來了，行動吧！

和貓咪一起曬太陽

那是秋末冬初的下午，有日照，慷慨地灑進歸綏街的窄巷，拉出參差不齊的斜影與暖亮。

跨過新舊世紀交接，台北市公娼已然成為歷史名詞，但作為妓權抗爭基地的文萌樓，仍強力訴求被列入市定古蹟。彼時，歷經抗爭取得「緩衝兩年」執業，已然正式退役的公娼姐妹們，脫下因汙名而不得不戴上的花布帽，時常聚集在「日日春關懷互助協會」，手口不停歇地研發、製作四物醋與牛蒡酒，與先後捲入的組織者、志工、參訪者們，共同商討妓權運動、史蹟保存、弱勢參政。

週末午後，我們在昔日的公娼館分工布置晚上的文化行動。狹長的走道兩側，掛滿了珍珠板製作的臨時看板，亮彩、晶片、粉色貼花，抗爭布條高高懸吊在前廊。人來人往，讓這個廢娼後明顯寂寥沒落的街道，又有了新的生氣與熱鬧風情。

還不滿兩歲的小樹，正值與大人世界勢不兩立的高度彆扭期，生人不近身，熟人也別想耍弄，且小孩敏感於媽媽一心想甩鍋，更是攀纏不放如無尾熊。我忙進忙出，巴不得儘早把私人母職推成「眾人之事」，幸得公娼姐妹的熟練救援，將小樹從這一雙手轉到下一雙手，擦臉、餵食、拍背、綁辮子、說故事、繞圈圈玩。我放心轉身，眼角猶瞥見小樹開懷的笑顏。

吃過文萌樓的雜菜大鍋麵，暫得空檔，我與小樹手牽手出門遊蕩。

若鏡頭拉遠了俯視而下，歸綏街窄巷間，必是一對歪斜不平衡的大小身形互相牽制罷？我的左手拿著欲張貼的海報及膠帶，右手被小樹吊單槓似地緊緊綰住，一拉一扯，一步一挫，母女間張力無窮。突然間，我的視線還在搜尋著合適的牆面，右手卻頓覺鬆脫，卸下所有重力，空盪盪。正詫異著，只見小樹另有目標，左搖右晃但意志堅定地碎步前行。

「嘿！」小樹邊跑邊高舉右手，肥嫩的掌心敞開，像飽漲的一只風帆。

貓。虎斑貓。想來是占地已久，熟門熟路，再尋常不過。也許是過往白蘭接客空檔時，特地到市場買鮮魚蹲在後巷餵養過的某一隻。

那貓不肥，體形靈巧，一見而知是野外討生存慣了的，身手矯健，目光防衛。她輕巧從簷下躍出，顧盼生姿。

「嘿！嘿！」小樹又招手，她的詞彙有限，但肢體意圖分明，想交朋友，想藉著身體碰觸確認彼此關係。

虎斑貓察覺了，驕矜地昂首前行，不逃開，不趨近，若即若離。

小樹尾隨在後：「嘿！嘿，嘿～」像為可預見的長途行軍擂鼓，單調但堅貞的伴奏。你看，我在，餘無二話，唯有追隨。應該是那時候，我回頭看見白蘭正抿著嘴笑。白蘭當時還非常美麗，高挑，苗條，脂粉未施但眉目幽黑，總是穿著寬大棉T，素色長褲與室內拖，油亮的長髮以鯊魚夾隨意挽起，有時則是紅色橡皮筋收束散放。清澄沉靜的白蘭，是小樹罕有主動拉手的阿姨，她話不多，喜歡笑，會餵養流浪貓，也會安撫緊張的小孩。

●

公娼之役前，我已然投身台灣工人運動多年，進入不同產業的勞動場域，也參與罷工遊行等抗爭現場。彼時年少的組織工作者們，在解嚴後民主風潮下，或受淺薄的理想催動，或懵懂未解地走入基層工運，無一不是灰頭土臉，看不清三步之遙還有什麼可能，遑論前途。雖說抗爭總是艱難，組織總是緩慢，街頭運動十打九輸，徒勞無功令我們幾度被打趴在地，但爭取退休金、工作權、職災補償，多少還是夾帶著以小搏大的道德正當性。挫敗，但應當。唯獨公娼抗爭不是這樣。完全沒機會是。

長達數年的街頭抗爭，任何人，任何一個路過的人，都可以對著拉布條喊口號的我們，理直氣壯地吐口水：「不要臉！沒見笑！」

在大街上、在市場裡、在市議會旁、在政見發表會場外、在跨年煙火的人潮中，完全不相干的人，都可能像被潑了一身髒水，義憤填膺地走過來，以具體的行動表達賤斥與羞辱。甚至有那種看來就會向身障者買玉蘭花、定期捐錢給慈濟的婦人，也可以上班路過，又特地返身踅回現場，氣不過般開口便是連聲痛斥：

「當妓女還敢出來說？不然你們為什麼要戴帽子？是不是不敢見人？你自己都不好意思嘛，不好意思還好意思說要工作權，就是只想腳開開就可以賺。」

她愈說愈起勁，好生氣，氣到要發抖。而我慢慢聽出一點悲哀來了。她不是我以為的那種家世良好養尊處優的人，不是太過自信或天真不識人間疾苦的人，她也許是個努力的單親媽媽，很辛苦地在工廠、餐廳、回收場等勞力職場流轉，身兼數職才拉拔養大了兩個孩子，可憐的孩子非旦打工送外賣還扛著學貸未償，全家都辛苦，宛如世襲。是這樣硬氣又疲憊的女人啊，深受階級與性別的結構之苦，更要指著娼妓罵，彷彿一切都是她們害的。

或者我也無法忘記，那些匆忙趕赴市府開會，在冷氣房中倡言打壓性產業、拯救娼妓的進步菁英。她們穿著得體的淡色襯衫與中跟包鞋，繞過抗爭群眾進府，唯恐被發現，卻被眼尖衝出來的公娼官姐攔住，乞求保留公娼一條生路。官姐且脫褲露出昨天遭警方毆打的淤青臀部，控訴廢娼政策粗暴、手段殘酷，死纏爛打令進步女性不得脫身。官姐已經沒有退路了，她說理，她撒野，她步步進逼，不依不饒，甚至不惜跪地拜託，嚇得中跟包鞋失禮地拔腿就跑。那是我終生莫忘的抗爭現場，在官姐脫褲抗爭、下跪求饒、不屑起身繼續喊口號的即興演出中，那些我所熟知的姐妹相挺的學院口號，顯得多麼荒誕脆弱，不堪一擊。

是公娼們主動現身，控訴廢娼剝奪工作權，我們這些勞工運動中的女性，才後知後覺地加入她們的抗爭，進入妓權、性權、工作權在現實中的險惡搏鬥。

「從良，從什麼良？我們本來就很善良啊。」白蘭一句話，就揭穿了性道德的偽善與蠻橫。

關於白蘭的故事，很多報紙都寫過了。她不是拿麥克風發言的人，但打自抗爭起，她便敞開自己的故事，讓公娼標籤下各種人生的面向浮現，她貢獻自己從私娼到公娼的自主求生的選擇，提供社會討論。十三歲時父親車禍，她被賣進私娼寮，三年約滿又續至十年，還清家裡債務。成年的她，自願簽下有執照的公娼，走入文萌樓。這個職業並不算好，但已是成年後的白蘭在有限的條件下，自主盤算的選擇了：拆帳明確，不必陪酒傷肝，定期性病檢查，遇到奧客可報警處理。她定時上工，接客夠了，就到市場買幾尾鮮魚餵養流浪貓。

一直到緩衝兩年結束後，白蘭進入就業市場，真正的挑戰才開始。日日春曾協助她經營一個小檳榔攤，組織者佳君手把手陪伴，白蘭也好認真學習計算收支盈餘，盤點結餘，清算庫存，計價找零。

檳榔攤開張營業，我也曾帶著小樹扮演客人，上門買一瓶伯朗咖啡、一包萬寶路，外加兩盒檳榔。白蘭挽起長髮，收斂笑臉，生疏地在計算機按下加加減減的數字，收錢找零最後還是虧了五十元。

白蘭拍拍自己的臉頰，苦惱嘀咕：「這要怎麼辦才好？連租金都賺不回來。」

「沒關係，我們再試一次。」佳君說，示意我再買一次不同的品項。

當時流浪貓還跟在白蘭的攤位，繞繞走走，磨磨蹭蹭，毛色並不豐潤的長尾巴，不時打在她從涼鞋露出的大拇指上。有時一天下來，白蘭連鮮魚的錢都付不出來。那也許才是白蘭被推向懸崖的起點，世事險阻。

●

從俯瞰歸綏街的長鏡頭裡，應該可以看見我和白蘭仍站在巷口，而小樹一路尾隨貓咪，碎步奔跑。

那貓微微側身睥睨來者，算準了這小人兒速度不及她敏捷有度，也看清了這小人兒不具威脅性，單純是個愛慕者、追隨者。她踮著腳尖緩步而行，有點興味地頻頻回首，這是有意要讓小樹追上的姿態了，可惜小人兒的腳步遠比她想像的搖晃不定，一人一貓的距離始終保持兩公尺以上。

這聰明的、高貴的貓兒，娉婷移步至巷弄深處，再回首等了三秒。然後，她不疾不徐踏進陽光灑落在水泥地上的一方日照，如沐金光。她風情萬種地趴下來、翻轉身、讓整個腹部都攤在陽光下，四肢慵懶垂放。她像是獨自享受太陽輕撫，實則是半無防備地對小樹發出訊息：好了，我準備好了。你已經獲得允許，可以撫摸我了。

我看著虎斑毛在日照下發亮，像透明的初生新芽，如此尊貴又如此自得；我看著她欲閉未閉的眼睛已瞇成一線，睫毛篩落了絲絲暗影，何等美麗又何等開放。她的身體、她的姿態都在邀請小樹的靠近與碰觸，白蘭默默地笑了，她懂得那試探與互動。

小樹大喜過望，搖晃走進陽光下，謙遜地靠近……不，她沒有伸手，沒有撫觸，她毫不猶豫就翻身躺在水泥地上，作出和貓兒一式一樣的仰攤姿態。她四肢垂放著，把肚子袒露在陽光下，和貓兒一起曬太陽。

無有你我之分。

那貓兒，和我們一樣都吃了一驚罷？說不上是失落還是心意相通，她側身又看了一眼小樹，並肩曬了一會兒太陽，她瞇著眼，顯然不太適應冬陽的熱烈，又看了小樹一眼。小樹也瞇著眼，粉紅的臉頰在陽光下，隱隱冒著熱氣，上唇沿有一排透明的纖細汗毛，像要睡著了。終於，虎斑貓翻身躍起，頭也不回地跳上矮牆絕塵而去。

小樹也站起來，撲紅的臉，晶亮的眼，她目送她的貓朋友優雅告別，心滿意足地向我們走來。陽光已斜移至白蘭的髮稍，閃閃發亮。

尾聲

藝術生產是政治的，也是民主的

只要被認真當作一回事

隆隆工作時遭高壓電擊而截肢後，練習以左手握筆，開始寫作、畫畫，以及攝影。

工傷協會的會員，若非職災致殘者、職業病患，就是工殤亡者家屬，每個人帶著生命中不可挽回的傷痛進場，還要面對勞資爭議的耗損與挫敗，漫漫無期。我們忙於個案調解，也不忘就地抗爭，以工人經驗翻轉勞動體制。隆隆自尊心高，不耐推論，不屑反駁，被誤解了泰半吞忍下來，麥克風輪到眼前也多是氣結無言。但他半夜裡傳來的書寫，卻是觀察細膩，筆觸詼諧，控訴少，同情多。那是紙媒還活躍的年代，從副刊到時論投書都有發言空間，我將隆隆的斷簡殘篇一一謄錄、分段、校對，和他討論又辯論，最終下標、投稿。出刊後隆隆領了稿費再加碼，請工作人員吃宵夜。

後來，我們組織了工傷協會、北市產總與倉運聯的工人幹部，共同進行說故事寫作班。在他與她的勞動生涯中，書寫並非尋常，還沒下筆就先自嘲錯字多、真見笑。組織者擔任後勤補給，不外乎是分類、追問、校正標點符號，以及催稿。未曾料到根本不必催。工人們聚集談心事，記憶一經啟動，打撈不盡的生命經驗，就自動沖刷上岸，相互碰撞，自我衍生，說不盡，寫不完。原本被神秘化、專業化的書寫技藝問題，很快就不成障礙了。只要被認真當作一回事看待，表述的需求，創作的欲望，滴水滋芽，破土而出。

工傷繪畫班隨後成立，平價蠟筆的童趣感，鬆動了工人們對藝術高不可攀的心防，各式畫面隨著繽紛色彩組裝再現，題材豐沛多元，意象鮮明。不同於其他傷者多取材自現實環境，隆隆更擅長刻劃內在情緒：夜窗外的一隻粉蝶、孤燈下拄枴杖的男孩背影、渾身遭刀刃刺傷的懸命、餐盤裡的蜷曲人體……，千言萬語，雄辯滔滔。法令所不能及的幽微情緒，藝術提供了表述管道，在相互信賴的集體中，自主生產。

使用不同的藝術創作工具，我們陸續出版了工殤顯影、口述史與畫冊，在二二八紀念館辦工人畫展，以殘缺的肢體演出勞動舞台劇，甚至進入國家音樂廳舉行售票音樂會，趁安可曲毋須檢驗演出者資格的破口，推著輪椅上台演唱工傷之歌——其中也包括了隆隆作詞的〈回家〉，訴說傷癒出院後，家人與他都假作沒事、沒人敢哭出聲的幽微歷程。

集體的藝術生產是雙向的，既建立工人創作主體，動態地積累階級文化；也反向挹注台灣當代藝術，拓寬多元的本土面向。

藝術作品背後的生產關係

帶著多年來在工人運動中的政治與藝術實踐，重讀班雅明，格外通透映鑑。

〈作者作為生產者〉是班雅明於一九三四年春天在巴黎法西斯主義研究所的演講內容，將文學作品放回生產關係，既強調作者的生產者身分，也朝向藝術生產工具的變革、解放，邀請讀者、觀眾成為創作參與者。

這是班雅明的藝術革命宣言，八十年後讀來，仍是熱眼燙手，頗多啟發。回到講座的時空背景，彼時資本主義剛經歷了全球性經濟危機，文化界、思想界有各種反思批判，真真假假，進進退退，劇場與視覺藝術都意圖挑戰觀眾，刻意刺激觀者坐立難安，不得不停下來思索改變的可能性。相較於納粹德國已然在軍容、文宣、整體視覺宣傳中，偷渡「政治美學化」的法西斯集權，藝術家又如何封閉於「為藝術而藝術」的神聖幻覺呢？

長期以來，藝術界過度強調個人的天賦才華，又或是蒙上神學般的神秘色彩，隱藏了美術由皇官貴族包養、文學受發行商掌控的事實。班雅明指出藝術與政治的辯證，探究文學生產的社會關係——這雖然不是解讀文學的唯一路徑，卻也是無以迴避的檢驗座標。兩年後的〈機械複製時代的藝術作品〉，班雅明更清楚提出，創作者應直面藝術的政治性，以「藝術政治化」作為抵抗，回應其所處的時代矛盾。

將創作者純粹化、神秘化、天才化的「為藝術而藝術」主張，恰足以抽離作品的生產關係，達成「去政治化」的政治目的。相對來說，「藝術政治化」不遮蔽自身的生產關係，創作才得以解放自身，不輕易淪入為特定政權服務。至於那些掩蓋自身政治性的藝術，也會被迫現出原形，它們仿效「政治美學化」的納粹模式，假作藝術優先實則為政權擦脂抹粉。

這些經驗，台灣一點也不陌生。在長達三十八年的反共戒嚴時期，「純文學」曾是文化主流，當時也許暗藏不受政權干擾的脫逃之意，以「去政治化」作為藝術的保護傘，但文學一旦否定自身的政治性，就隨時可能淪為保守力量的幫凶。至今依然。

知識與藝術生產的民主化

創作是與生俱來的珍貴禮物。

珍貴，因其帶來表達與鑑賞的滿足，是無窮開放的。貴而不稀，人人都有創作與想像的需求，愈用愈好，愈磨愈廣，無從壟斷，毋須私藏。一如機械複製的科技有助於知識普及，藝術生產的工具變革，也可能促成創作與審美的民主化，鬆動讀者、作者的界線，使觀賞者有機會轉化為藝術生產的合作者。

對很多創作者來說，內容才是關鍵，載體的形式相對只是輔助。但班雅明強調技術的重要性，甚至要求創作者將生產工具的推廣與改造，視為核心的價值體現，而不局限於內容／形式的二元論。當掌握創作工具的人愈來愈多，知識與藝術就不再是少數人的專利，決策也不再集中於少數菁英，而是平民百姓皆可參與之事。

創作是生產性的。一如木作、編織、墾植、捕獵，書寫一個故事，畫下一幅彩繪，唱出一支山歌，都是勞作與生產，並沒有特別高貴，但也未必如此無用。作者唯有投入工作，在書寫生產時，才有能力示範作品的組織之效，可以刺激或引導其他創作者的生產，也有機會打開多重解讀的可能，讓讀者成為作品的協作者。

創作亦是民主的。所謂民主，在於每個人都可以保留自己的獨特性，每個人都有平等的發言權力，而非服膺於大一統的標準規格。在藝術裡，偏心、任性、耍廢都因其存在而存在，那些暗黑的、朦朧的、曖昧的、曲折迂迴的敘事，非旦不被要求校正，反而被視為特色，受到珍視。創作的百花齊放，創作者的獨斷與獨特，正在於藝術所內建的民主機制，每個人都可以自成一格，不受規訓。

藝術的革命性，就在於對單一準則的破壞與抵制，其內建的民主化正是珍貴之處。

珍貴，又豈容少數人壟斷。

讓自身特權成為人人的日常

跨越新世紀，「政治美學化」早已成為政黨競技的常態，鋪天蓋地的單向宣傳，取代實質參與的共識討論。相對應的，是「藝術商品化」愈演愈烈，資本凌駕勞動生產，藝術創作者的處境只有更加艱難。

藝術曾經服務於宗教，也可能服務於政權，而今更多的是服務於市場。而投資利潤決定了市場走向，商品化遂形成了一窩蜂仿造，扼殺創意。知識份子或藝術家，終究必須面對自身與勞動階級相近的處境，不再迷信於個人天份，反而更應該組織同行者，尋求合作與突圍的可能。近年來，台灣的高教工會、藝術創作者職業工會等，莫不是具有生產者自覺的行動者。

工傷八年後，隆隆開始拍照，捕捉社運抗爭的畫面。一般快門多設計為右手按壓，隆隆自行改裝生產工具，以右手義肢固定機身，左手調光圈、按快門。這項獨門技術，沒人能教，唯有自學，街頭就是他的教室。隆隆自有一套殘缺不全的方法論，讓最沒條件的人也有信心創作，也因而受邀至各身心障礙團體開課。

十數年來，隆隆成為社運專屬攝影師，無役不與。即便是非動態的出庭、調解、協商會議，他也全程參與，拍下工人行動的儀式性大合照，以定格畫面為時間標示刻痕，見證勞資爭議的折騰。抗爭結束後，隆隆繼續勞動，將挑揀汰劣後的相片一一上傳公開的網路空間，供大家查詢、取用，成為公共財。有時商業媒體也會主動向他調相片，當然這就要合理收費了。

我邀請隆隆到大學課堂上放映他的作品，他挑選了各式街頭抗爭影像，以及一系列的工傷自拍照。不分季節總是穿著長袖衣褲的隆隆，按下計時快門，站到鏡頭前面，藉著打斜的光影，映照裸露的身體與傷疤，還有右膝、肘下的空缺。那是他生命的實體與隱喻，敘事與表意，毋須旁人代言。

我所任職的北藝大文跨所，是個創作導向的研究所，沒有非讀不可的經典，沒有標準化的文學史觀。我的課綱每學期大幅翻修，除了好看的小說與非虛構作品，論述常召喚班雅明助陣。他的文章並無完整結構，行文與引喻皆任性得不得了，總能引發複雜歧異的爭論，與可想見的誤讀與錯解。期末研究生製作畢業手冊（就算畢業仍遙不可期），分頭向老師們討致辭。

說什麼好呢？

創作如此珍貴，沒有人要求一葉四瓣的幸運草回歸正途，沒有人指示混色的花蕊及早矯正，沒有人號令一朵白雲修剪毛邊，沒有人要求文學面面俱到。我邊走邊想，在手機裡打下這段話，回應班雅明，回應隆隆，也回應當代創作者：

親愛的，那些看似格格不入的、總被標準化的主流價值所拒斥貶抑的生命質地，在藝術中，都得以各安其所，甚至被視為特色。而創作者要做的，無非是以具體的作品反擊規格化的美學，讓自身的特權成為所有人的日常。

附錄

勇氣的印記

張樹

首爾的櫻花凋零後，七彩斑斕的鬱金香齊齊盛放，適合賞花的四月迎來無數遊客的到訪，室友的家人亦是於此，秉持著體貼照顧的待客之道，我和室友帶著長輩們四處遊玩。

午後的日曬猶如炎炎夏日，渾身熱氣騰騰。緩緩散步之際，前方伴隨著大聲公的吵雜聲源源不斷，我定睛一看，眼前的場景似乎與記憶逐漸重合。

「我們不要靠近那邊。」還來不及看清旗子和布條上的字，身旁的阿嬤帶著我轉向別處，不以為然地說：「參加抗議遊行的人都是神經病。」

經過這幾日的相處，室友的阿嬤與我相談甚歡。此刻，這些沒有經過修飾的字眼於我來說有些直接，一時無法回應而沉默不語。

小時候和父母上街頭參與運動的記憶，如今像失焦鏡頭般不再清晰可見，但我仍記得模糊影像呈現出的輪廓、人與人之間互動所感受的溫度。媽媽帶著我參與的每一場運動，像是參加盛大的慶典般，在伴隨著音樂及舞蹈的演出之下，經驗了各式各樣的生命樣貌。看見所有人盡自身所能去嘗試的一切，一同為不公的現實鬥爭；將彆扭和羞澀拋在腦後，吶喊自身的權益及訴求。縱使處在淒風苦雨之下，依舊如漫畫般令人熱血沸騰。

長大後深知現實當然不如漫畫美好，熱鬧的遊行過後回頭望，許多抗爭仍是長久之戰。也許勇氣會隨著時間而消逝，但只要有人關注、討論，改變就如齒輪般持續轉動。

在充滿「正義感」的環境之下成長，總會為了他人瑣事而打抱不平，但小時候為不公而發聲的勇氣，在經過社會歷練後不斷沖洗而不復從前。即使初心依舊，也會避免介入紛爭而圓滑處理。

「參加抗議遊行的人真的都是神經病。」似是為了得到認可，阿嬤從我的身邊離去，走向阿姨又說了一次。

身後的人群中吶喊聲不斷，心臟的跳動逐漸與一下一下敲打的鼓聲暗合，也和我記憶中的抗爭場面呼應。

「阿嬤，」我追上她的腳步，「我覺得能夠勇敢的為自己發聲，是一件很棒的事情！」

原來名為勇氣的烙鐵並未腐朽，它會一直在那裡，在身上留下深深的印記。

●本文作者為書中「小樹」，現就讀於韓國首爾語言學校。

INK PUBLISHING 文學叢書 740

一切都在此時此刻

作　　者　顧玉玲
總 編 輯　初安民
責任編輯　宋敏菁
美術編輯　陳淑美
校　　對　潘貞仁　顧玉玲　宋敏菁

發 行 人　張書銘
出　　版　INK 印刻文學生活雜誌出版股份有限公司
新北市中和區建一路249號8樓
電話：02-22281626
傳真：02-22281598
e-mail：ink.book@msa.hinet.net
網　　址　舒讀網www.inksudu.com.tw

法律顧問　巨鼎博達法律事務所
施竣中律師
總 代 理　成陽出版股份有限公司
電話：03-3589000（代表號）
傳真：03-3556521
郵政劃撥　19785090 印刻文學生活雜誌出版股份有限公司
印　　刷　海王印刷事業股份有限公司

港澳總經銷　泛華發行代理有限公司
地　　址　香港新界將軍澳工業邨駿昌街7號2樓
電　　話　852-2798-2220
傳　　真　852-2796-5471
網　　址　www.gccd.com.hk

出版日期　2024年 8 月　初版
ISBN　978-986-387-755-4
定價　350元

Copyright © 2024 by Ku Yu-Ling
Published by INK Literary Monthly Publishing Co., Ltd.
All Rights Reserved

國家圖書館出版品預行編目(CIP)資料

一切都在此時此刻／顧玉玲 著.
--初版. --新北市中和區：INK印刻文學，2024. 08
面；14.8 × 21公分. --（文學叢書；740）
ISBN　978-986-387-755-4 (平裝)
1.工業安全 2.勞工安全 3.職業災害 4.通俗作品
555.56　　113011752

舒讀網

版權所有・翻印必究
本書保留所有權利，禁止擅自重製、摘錄、轉載、改編等侵權行為
如有破損、缺頁或裝訂錯誤，請寄回本社更換